【文庫クセジュ】

宗教哲学

ジャン・グロンダン著
越後圭一訳

Que sais-je?

白水社

目次

序　宗教と生の意味

生の意味の問いに対して、宗教は最も力強く、最も古く、また最も直接的な答えを提示する。こうした理由から、宗教は、哲学が知恵を探し求めるうえで関心を抱かずにはいられないものとなってくる。一方、大部分の宗教にとっての最高の対象である神は、なぜ存在があって無ではないのかという哲学的な問いに対する最良の答えのひとつとなりうるものだが、存在は偶然に生じたのだとする別の答えもありうるだろう。宗教においてこそ生の経験が無限に多様な仕方で分節されるのであって、この生は、方向と目的と起源をもつひとつの全体に結びついているがゆえに、宗教のうちに理にかなった道程を見出すことになるのである。この方向と起源は、こんにちなら神話的と形容されることもあるひとつの歴史を通じて、自然的ないし超自然的なちからによって規定することができる。だが、生はその都度、みずからを高次の何ものかによってもたらされたものと認めるのであり、この何ものかが、ごく自然に何らかの崇敬や祭祀、感謝の対象となる。プラトンに始まりベルクソン、ハイデガー、レヴィナスに至るまで哲学を夢中にさせ、またしばしば苛立たせてもきた存在の意味の問いに対するひとつの答えがここにあるのである。

存在の意味についての困難だがはっきりとした問いに対して、考えられる答えは三つしかない。

（一）広い意味で宗教的ないしはスピリチュアルな諸々の答え。存在は何らかの高次のちからに結びついているのだと（*religare* 無根拠な説かどうかは措くとして、これは宗教という語について提起された古い語源のひとつである）、自然な仕方や反省的な仕方で認める答えである。こうした答えは人類史を通して、ほぼすべての文明、すべての時代において有力なものであったと言っても間違いではない。

（二）もっと最近になって登場した世俗的な答えもある。これらの答えはある超越者の存在にかならずしも異議を唱えるわけではないが、人間の幸福のほうをよりいっそう重視しようとする。これには二つの大きなヴァリアントがあって、ひとつはよりユートピア的で人間主義的な形態であり、もうひとつはより快楽主義的で個人的な見解である。存在の意味の問いに対する人間主義的な答えは、人間の条件の改善を切望する。それは苦悩を減らし、不正に抗うことを欲する。なぜなら、その説くところによれば、人間の生はそれ自体でひとつの目的を表わしており、その尊厳は保護されてしかるべきものだからである。これはまったく立派な答えであって、進歩した私たちの社会の多少とも知るところとなった「宗教」もこうした答えによって形作られているわけだが、これらの答えはじつはどれも宗教の答えを前提としており、人間の尊厳とか抗うべき不正について語るときにも、来るべき解放を切望するときにも、そうした答えから重要な部分を借り受けているのである。

一方、さらに快楽主義的な答えならば次のように主張するであろう。すなわち、この生を楽しまなければならない、なぜならそれが私たちに割り当てられた唯一のものだからである、と。ここには宗教の答えが、あるいはもっと正確に言えば、その答えの不在が前提されていることは火を見るよりも明らかだ。だからこそ高次の地平でも超越でもなく、私たちの生を充分に楽しむべきなのである。ここでは直接的な快楽ないしは幸福こそが、私たちの至福の源泉となっていなければならない。ここでもまた宗教が問題だと指摘したアウグスティヌスは間違ってはいなかった（『真の宗教』第一巻第三八章、第六九節）。実際、時を超えて滅びることのない富を拒む者たちは時とともに移ろう事物を崇める。というのも、彼らはまさにそこから至福が到来することを期待しているからである。こうしたことがいつも歓迎されるとはかぎらないが、それでもここには正真正銘「宗教」のひとつのかたちが、すなわち私たちを幸福にしてくれるような何ものかへの祭祀と信念があるのである。

（三）生の意味の問いへの最後の「答え」は、生は意味をもたない（または問い自体がうまく立てられていない）と述べることにある。ところが、もう一度言うが、生が意味を持たないとか不条理だとかと断じるのは、それが宗教的な、すなわち超越的なうえに現実的に信頼でき、立証することもできるようなひとつの意味を持っているということを疑うからなのである。これは悪や存在の不可解な苦しみを充分に把握しているがゆえに、醒めきってはいるがある面では明快な答えであるとも言える。けれども、私たちはなぜ生きるのかという問いに本当の意味で答えてはいない。

問いが上手く立てられていないと断じる人たちには、どのように問いを立てれば良いかと問わねばならない。たしかにこの問いは別の仕方でも言い表わすことができるが、ホモ・サピエンス、すなわちみずからの条件を意識する生き物の存在がうまく考えられてはいない。この生き物は、時のなかで自分がつかのま滞在するということの意味について、たとえどんな次元であってもみずからに問いを立てることはしないだろう。たとえこれらの問いが問われる可能性だけ残して問われないままとなるのだとしても（そして、こうした問いは宗教よりもむしろ哲学にとっていっそう、そうしたものとして残るであろう）。『告白』の冒頭でアウグスティヌスが人間のことを自分自身にとってひとつの謎であると述べていたのはまさにこの意味においてである。哲学はこうした謎から湧き出てくるのだけれども、宗教がこの謎に答えようとしていることを哲学が知らないわけではない。

宗教哲学の務めは、この答えの意味、そして個別的であると同時に集団的な人間存在においてその答えが占める位置を省察することである。したがって、宗教哲学は宗教についての哲学であろうとし、またその本質と理由についての、さらにはその不条理についての哲学であろうとする。しかしながら、「敵の恐怖」という表現での属格が、私たちが敵に対してもつ恐怖（目的語的属格）と敵が私たちに対してもつ恐怖（主語的属格）とを同時に表わしているのと同じような意味で、ここでは「宗教の哲学」という観念において、宗教のという属格ないしは名詞補語のもつ二重の意味について考えるべきであろう。宗教の哲学に固有のことは、文化や芸術、法、言語の哲学において為されるように、単に個別の対象について距離をおいて反省することなのではない。主観的属格もまた考慮に値するのである。つまり、宗教それ自身が持っている哲学、お望みならば哲学がその固有の知恵の探求（これは*philo-sophia*という語の意味でもある）において退けることのできないような知恵の道、また哲学の学ぶべき事柄を有している知恵の道といった何ものかもまたあるということなのである。実際、哲学そのものよりも宗教のほうに時としてよりいっそう多くの知恵があったのではないだろうか。

第一章　宗教と近代科学

存在の意味の問いに対して宗教が最も有力な答えを提供するということを哲学は容易に認めるけれども、これらの答えがこんにちではその明証性を失ってしまったということもまた哲学は知っている。ところが、これはどこでも当てはまることなのではない。それどころか事実はまったく逆なのである。というのも、宗教は近く消滅するだろうとの誤った予測に反して、私たちの時代は数多くのかたちをとって宗教的なものが復活してきている時代でもあるからである。たとえば、原理主義の台頭、ローマ法王や宗教上の著名人たちによる仲裁、幅ひろい求道生活の増加、かつては無神論的であった東洋の国々（中国もまたしかり）における宗教への回帰、先進社会における究極的な問いと信念の存続（二〇〇八年に行なわれたある調査によると、九二パーセントのアメリカ人が神を信じると言った）、などなどである。

宗教がその目立った影響力を失ったと言われるのはなぜかというと、実験に基づく科学的な知の観点から、すなわち真理への唯一ではないにしても特権的な道として〈近代〉という時代において幅をきかせるようになった知の観点から、宗教が考えられているからである。そうした知にとって宗教は、その起源が科学よりもはるかに古いものであるのに、科学に対してそれほど満足を与えうるものとはならない。近代科学の目には、宗教は信仰、伝統、儀式といった要素を含んでいるので、主観的な要求に強く駆り立てられているだけでなく、宗教自身の信用性を弱めてしまう多くの諸要素を、検証不可能なものとして受け入れてしまっているように映る。他方、哲学の目には、たとえ宗教が非常に有力なままであり続けるのだとしても、またこのちからが宗教の神秘の一部ともなっているのだとしても、宗教というものがますます問題をはらむ事柄となってしまっている。

　こうした事態には、最近の二世紀の歴史意識と、その前提とするところの相対主義の否定できない勃興が大きく関係している。なるほど、宗教が多数あることがこれほどまでに意識されたことはかつてなかったし（現在、私たちは一万以上もの宗教の名を数え上げるまでに至っている）、それら諸宗教の文化的、歴史的な起源の多様さがこれほどまでに意識されたこともかつてなかった。このことは結果として宗教のメッセージそのものを相対化させることに繋がっている。実際、たったひとつの宗教が救いの特権的な道そのものを具現しているなどとどうして言い張れるだろう。そのようなことをする宗教、すなわち、みずからの伝統にひきずられるがまま、みずからの唯一性と、その拠り所とする啓示の超自然的な性格とに固執する宗教は、そもそも異論の余地のなかなか見出せないこうした歴史的相対化の状況に対する苛立ち、そしていささか絶望的な反応として姿を現わしている可能性がある。

たしかに、最近になって、まさしく科学的なモデルが与える影響に比例して、「宗教経験」について多くのことが語られるようになってきているが、科学はそこに知の弱い形態を見てとる傾向にある。というのも、こうした知が単純な信念に、あるいはパスカルのように語るならば賭けに依存しているからだ。とはいえ、すでに「賭け」について語っている時点で、それは近代科学にとって親しい数学モデルを、つまりやはりまたパスカルが知っていたような蓋然性の計算というモデルを、なおも前提とすることになるだろう。なるほど、私たちを待ち受ける永遠と、私たちの寿命の比べものにならないほどの短さとを思えば、信仰のリスクをとるほうがまだましだろう。というのも、信仰は今のこの人生で期待することのできる幸福とは共通の尺度をもたないたぐいの永遠なる至福を私たちに約束しはするとはいえ、それは今ここでの慰めを提供するというメリットをそもそも持ちあわせているからである。「それだから、賭けるべき有限と（……）得るべき無限とがある場合、私たちの主張は無限のちからを持ってくるのである」（『パンセ』ブランシュヴィク版、二三三）。ここでは近代科学の枠組み、およびそれが計算と有益性を求めているという事実が前提されたまま残っている。ここでは宗教はひとつの（科学的な）「仮説」という仕方でなんとなく考えられていて、ある人たちは大なり小なり認められた自分たちの欲求に答えてくれるという理由から宗教を採用するが、他の人たちは科学の規範をちゃんと満たさないという理由から宗教を拒絶する。したがって宗教は、おのおのの趣味ないし賭けに属するプライベートな、あるいは主観的な事柄として現われている。これは、実在の「客観的な」認識が科学だけに属しているということを意味しているのである。

I　現代世界の名目論《ノミナリスム》

宗教というものを、自然科学だけが認識することのできる現実にあとから付け加わった文化的構築物だととらえるようなごく最近の思考領野がある。それが名目論《ノミナリスム》である。これは現実に存在するものは何かという問いに対するひとつの答えである。というのも、名目論にとって「存在する」とは、無いよりはむしろ有るということ、すなわち空間のなかで現実に起こることであり、私たちの感覚能力と計測機器とによってなんとか証明できる存在を指して言われることだからである。たとえば、このテーブルやこの本は存在する。なぜなら、それらを私が目の前に見るからだ。周知の事実というわけではないが、これが存在についての比較的最近の発想であり、名目論に特有の発想なのである。名目論にとって、存在するのは物質的であるがゆえに空間と時間のなかで知覚可能な個々の実体だけである。だから名目論にとっては、テーブルやリンゴは存在するがユニコーンや天使やサンタクロースは存在しない。これらはフィクションなのである。諸々の普遍概念もまた存在しない。これらは個別に観察できるあれこれの共通性格を持つような諸々の個体の総体を指し示すのに使われる名前（*nomina* 名目論の呼称はここに由来する）にすぎない。[1] ここにはひとつのものの見方があるのだけれども、それが非常にはっきりと、また非常に強力な仕方で私たちの思考を限定しているので、存在についてのきわめて特殊な発想、すなわち個別的で偶然的な存在者にだけ存在の特権を認めるという発想にかかわっているのだということすら、私たちはすっかり忘れてしまっているのである。

（1）巻末参考文献【1】。

少なくとも言えることは、存在についてのさらに古い別の発想があり、名目論《ノミナリスム》の考え方はこれに対抗して根気強く練り上げられたものだということである。それは無条件に名目論的な発想であって、近代の名目論の発想からすれば極端に奇妙に見えるような代物なので、私たちの時代ではなおのことそうであろう。これは存在を個別の存在者としてではなく本質の顕現として理解しようとする発想であって、第一義的なのはこの本質の明証性のほうなのである。これは私たちには突飛なことのように思える。なぜなら、私たちにとって本質とは二次的なものであって抽象作用によって個別の存在にあとから付け加えられるものだからである。ところが、この発想がギリシア人たちの、とくにプラトンの発想だった。彼らにとって、個別のものは第二度の現実をもっている。実際、個別のものは、それが表わす本質の（あるいは空間の――なぜならエイドスという同じギリシア語の術語が問題となっているのだから）（エイドスとはギリシア語で「見られたもの」「かたち」を意味する）まばゆいばかりの明証性に比べれば二次的なものなのである。したがって、たとえばある人物やある美しい物は、ある本質ないしは空間の（ほんのつかのまの！）顕現にすぎない。本質とは、その名〔エッセ〕〔ラテン語で「存在する」の意〕がよく示すとおり、最も永続的であるがゆえに最も充実した存在を含んでいるのである。

私たちにはいささか異様なものに思えるこの発想は、それでも西洋思想を中世の終わりまで支えたのである。だが、ついに名目論者と呼ばれた書き手たちによって批判されはじめることとなった。ウィリアム・オッカム（十三世紀末～一三五〇年）もそのひとりである。はなはだ皮肉なことに、当初の彼の動機は神学的なものだった。彼には、神の全能──中世おそくになってもこれは生き生きと意識されていた──は、なんらかの仕方でそれを制限してきた本質の永遠なる秩序と相容れないように思われたのである。もし神が全能であるならば、いつでも好きなときに本質の秩序を覆し、人間が空を飛べるようにしたり、レモンの木がリンゴを実らせるようにしたりすることもできるにちがいない。だから、オッカムにとって、本質とは名前にすぎないものなのであって、彼の周知の剃刀《かみそり》にかかっては打ち負かされてしまうはずのものなのである。

この発想は、オッカムの時代には反駁されることとなった（他の人びとのあいだでも反駁された。なぜなら、本質が変容するところに重要な意味がある聖体の秘跡〔キリスト教においてパンとワインがキリストの体と血に変わるとされる教義〕とこの発想が相容れないことが明らかだったからである）。ところが、近代になってゆっくりではあるが着実にこの発想が勝利をおさめるに至り、ついには存在についての他の見方を完全に圧倒してしまうほどまでになった。そういうわけで、近代にとっては、もはや個別的で物質的な実在物しか存在しないのである。これら諸々の実在物を認識するということは、あるひとつの本質を知ることではもはやない。そうではなく、第一義的なものと仮定された個々の諸実在のただなかに規則性や法則性を見つけだすことなのである。存在についてのこうした発想が近代科学を貫いているので、「政治的」とも呼べる近代科学の思想を支配していたとしても驚くにはあたらない。この思想においては、個体の優位こそが根底にある唯一の実在性としてますます認められるようになってくるのである。

この名目論《ノミナリスム》は、近代科学が即座に証明することのできるものに対して払っている注意と対になっている。伝統的な学問が関心を寄せる概念や観念はどれも疑わしいもの、二次的なものとなった。この経過のすぐあとに続いて「社会的」となった人間諸科学でさえ、空間において観察可能な個々の対象を必要としている。これは観念というものがもはや存在の顕現ではなく諸々の社会事実となっていることを意味しており、観念が経験的観察の対象となりうると考えられているわけだ。ここでは、物質的実在についての諸科学から借用されたことが一目でわかるような存在の発想をもとにして人間諸科学がつくられているのである（これ以降、すべての存在がこの物質的実在に帰着することになるだろう）。

この名目論が宗教そのものとその正しい理解にとって、とくに破滅的な影響をもたらすものだということはおのずと明らかである。言うまでもなく、宗教にかかわる諸実在——たとえば神的なものの存在など——が名目論の枠組のなかで問題とされるにちがいない。神は一個のりんごや一匹の蟻と同じように存在するのか。明らかに否である。だから、神は、近代の生活様式にとっては存在しないか、あるいは人間の脳によって生み出された迷信という資格でしか存在しないことになる。

存在を本質の顕現とする発想は、同じくらい奇妙なものに思えるけれども、こうした困難をともなうものではなかった。なぜかというと、この発想にとっては偶然的な個々の存在はつねに派生的なものだったからである。だから、神的なものの存在はそれ自体としては問題とならなかった。なぜなら、それが第一義的なものだったからである。信仰について言えば、それは個人の選択の問題というよりもむしろ、神の本質の明証性のうちにとどまること、その誠実さに包まれているとみずから知ることであり、何よりまず私たちの為す事柄である選択といったこととは何ら関係のないものだった。

宗教哲学は、名目論のこの領域、すなわち宗教をも等しく問題的な事柄とみなす近代科学の領域を無視することはできない。しかしながら、宗教は科学よりも古いということ（ギリシア時代には哲学は世界が秩序立ったコスモスを形成していることを教えてその出現の手助けをした）、したがって宗教は科学とは独立に成り立っていたのだということもまた、宗教哲学は知っている。また、たとえばこうした古代的な形態の宗教が科学の時代にこそむしろ生き延びているということや、他方で前科学的とも呼びうる他の形態の知や経験、信仰がこの時代では生き延びなかったということもまた、この哲学が知らないわけではない。実際、これらの宗教はそこここにたぶんまだ残っているけれども、占星術や錬金術といった諸々の実践はほとんど廃れてしまった。近代では、宗教も同じ運命に見舞われるだろうと長いあいだ考えられてきたし、今もなおそう考えられているふしがある。けれども、実際にはこういったことは起こらなかった。宗教は、人間存在のとても生き生きとした、力強いひとつのかたちとして今も息づいている。ガンジーにはじまりヨハネ・パウロ二世に至るまで、さらに言えば、マーティン・ルーサー・キング牧師、エリ・ヴィーゼル〔アメリカのユダヤ人作家、ホロコースト体験の自伝でノーベル平和賞を受賞した〕、オスカル・ロメロ〔エルサルバドルのカトリック司祭、エルサルバドル内戦における人権侵害を世界に訴えた〕、ダライ・ラマ、マザー・テレサ、アベ・ピエール〔フランスのカトリック司教、ホームレスの救済に尽力した〕など、偉大なる倫理的主導者たちがたいてい宗教的な人物であるような現代世界において、宗教的なもののこの驚くべき生命力は一考に値するものである。宗教的なものが有するこのちからの現在的意義は弱まらないどころか、むしろ逆に強まっているように思われるのだが、このちからはいったい何に由来するのだろうか。少なくとも、それは名目論《ノミナリスム》の制限された枠組みを超え出る生の経験があることを証しているのだと言うことはできるのではないだろうか。

これこそまさしく、あらゆる宗教哲学がこんにちかかわっている闇のなかにあるひとつの問いなのである。

II　宗教は現代科学のせいで時代遅れなものになってしまったか？

科学のせいで世界の数々の宗教的表象が損なわれてしまったのは明らかである。たとえば、世界は六日間で創造されたのではない（そうではなく、ほんのわずかな一瞬のうちに誕生した）し、ホモ・サピエンスは正真正銘サルから出てきたのだし、遺伝学的にサルに近いし、それにガリレイは正しかった。これもまた明白なことだが、近代世界の無神論とまではいかなくとも不可知論は科学的な世界の見方に深く影響されている。この見方にとって、宗教は迷信のひとつの形態を代表するものにすぎないのである。

ところが「それにもかかわらず」近代世界において宗教が生き延びたこともまた確かである。近代科学の代わりに哲学者たちが、とにかく宗教は死んだようなもの、時代遅れのもの、虚しく、危険でさえあるものと宣告してきたし、ときおり最近の書き手たちもなお同様の宣告を下している。たしかにそこに迷信的な盲信の遺物を見るのは各々の自由なのだが、しかし宗教的なものが近代世界でも生き続けていることはひとつの事実である。諸々のイデオロギーのほうこそがむしろその地位を奪おうと欲したのであって、そのうちまだそれほど年老いていないものがマルクス主義である。ヘーゲル（一九九六年、一四五頁）もまた、次のように述べるとき間違ってはいなかった。ひとが自分自身の権威を宗教のそれに対置させようとするとき、宗教に入念に考慮を払うべきだ。なぜなら、この時、ひとは普遍的に認められた権威と対峙することになるのだから、と。

人びとは科学者たちに成り代わって語っているのだと言い張るわけだが、その当の科学者たち自身の証言に訴えることもできるだろう。私たちはここではアルベルト・アインシュタインの場合に触れるだけにとどめよう。というのも、一方では彼が非常に有名だからであり、他方では彼が人類史上最も偉大な才人のひとりだったからである。『タイム』誌は最近になって彼を二十世紀の、そして二千年間で最も影響力のある人物であると評した。これは相当なことである。非常に有名で明瞭な、だがほとんど知られていないテクストのなかで、彼はこう述べていた。「私は、宇宙的な宗教感情が科学的探求の最も力強く最も高貴な動機であると断言する」[1]、と。

(1) 巻末参考文献【2】。

ある人たちを当惑させるテクストだけれども、取るに足らない科学者が書いたものというわけではないし、世界で最も信心深い人間の手によるものというわけでもない（アインシュタインはユダヤ人だったが、務めをしっかり守る信者というわけではなかった。それどころか、まったくそうではなかったとさえ言える）。あとになって彼はこの宇宙的宗教感情の意味をこう説明した。「『宗教的』と呼びうるような何かが私のなかにあるとするならば、それは宇宙の諸構造に対する私の限りのない感嘆なのかもしれない。私たちの科学がそうした諸構造を解明しうる範囲内でのことであるが」。

「経験世界のなかに現われる高次の理性」が世界のうちにあるのだという確信は、彼にとっては「神の観念」を表わしている。一九三四年の彼のエッセイ『私の世界観』のなかで、「宗教なき科学は釣り合いが悪かったし、科学なき宗教は盲目だった」と躊躇いなく断言していた。とはいえ、アインシュタインの神は人間の運命に大いに関心を寄せる神なのではない。「私はスピノザの神を信じています。この神は存在するものの調和的な秩序のなかに現われるのです。しかし、私は人間存在の運命とか行動とかを気にかける神を信じてはいません」（一九二九年、ラビ・ゴールドシュタイン宛の電報）。一九三四年の本のなかでアインシュタインはその理由を次のように説明していた。「自分が創造したものに褒美をやったり罰を与えたりするような神を私は想像することができない。私の生の経験に自分の生をしたがわせて行動してきたような神を私は思い描くことができない。肉体の死後にも生きながらえるような存在を私は考えたくはないし、考えられもしない。ある精神のうちにこういった考えが広がる場合、私はその精神を弱く臆病で愚かしくも身勝手なものと判断するのである」。

この証言の面白いところは、（たとえアインシュタインが他のところでふだんは大部分の宗教的信念の弱さや盲信を批判していたのだとしても）宗教が近代科学によって手ひどく攻撃されていたと主張することがかならずしも正しいわけではないと想起させる点にある。同様に、ビッグバン仮説を定式化した人物がカトリック神父だったということを想起することもできる。この人物とは、ジョルジュ・ルメートル（一八九四〜一九六六年）〔ベルギー出身の宇宙物理学者、天文学者〕である。もっとも、ルメートル本人はビッグバン仮説に別の名を与えたわけだけれども〔ルメートルは「宇宙卵」が宇宙創世時に爆発したという説を提唱した〕。宇宙がその突然の爆発以来、膨張し拡大しているというこのアイディアは、天文学者フレッド・ホイル（一九一五〜二〇〇一年）〔イギリス出身の天文学者、SF作家〕によって馬鹿にされた。彼は宇宙が大いなる一撃によって始まったのだとするビッグバンのこの馬鹿げた理論を信じないと宣言したのである。〔ビッグバンという〕表現は皮肉を意図したものだったのだが、ついには科学者たちの社会に受け入れられたのである。

ここでアインシュタインやルメートルの思想についての検討に入っていくことはしないが、複数の優秀な科学者たちがかならずしも宗教的観点のすべてを排除しようとしていたわけではないことを覚えておこう。しかしまた、次のことを強調することも重要であるように思えてくる。それは、彼らが科学者という立場で、つまり、融通のきかない研究結果にもとづいて、そうしていたのではないということである。アインシュタインが宇宙的宗教感情について語るとき、彼は哲学者として語っている。だから彼は宗教哲学をしているのであって科学をしているのではないのだ。ところが、次のことを見ておくこともまた必要である。すなわち、こうしたことは、おそらくもっと多くの、もっと名目論的な科学者たちが等しくやるようなことであって、彼らの考えでは、科学が宗教のあらゆる形態を時代遅れのものにし、その結果、宗教は迷信のひとつの形態にことごとく還元されてしまう、ということである。彼らにとっては、サイエントロジー〔能力開発をめざす新興宗教〕や、イスラーム、キリスト教のあいだに現実的なちがいはない。というのも、彼らの関心は、人びとの信じやすさを悪用するような現実の間違った見方にあるからである。

ここでもまた科学者はその管轄領野を、つまり知の一定領野内で方法的に検証可能な認識を獲得するという領域を超え出ている。宗教哲学は、無神論的であったり信心深かったり不可知論的であったりする科学者たちから貴重な教訓を引き出すことができるが、彼らに次のことを思い出させることもできる。つまり、彼らが自分たちの発見したことからすかさず引き出そうとする形而上学的諸帰結は、たとえ科学者という彼らの地位によって包み隠されていたとしても、もはや科学に属するのではまったくなく、むしろまさにこれから紹介しようとしている宗教哲学の領域に属しているのだ、ということを。

第二章　宗教哲学の広大な領域

科学と宗教について私たちが振り返ってきた議論は、必要とあれば次のことをも裏づけるだろう。すなわち、こんにち宗教が最も強い情念の対象となっており、このことが少なくとも宗教の活力を物語っているということ、またそれが死すべき者たちの共同体がその掛け金をただちに掴みとるような問いにかかわるがゆえのことだということを。

たしかに宗教はあらゆるパラドックスの場である。多くの場合、宗教は疎外の一形態としてあばかれもするが、大抵の場合、解放の約束として現われもする。宗教はある人たちにとっては非現実的なものだけれども、他の人たちにとってはより信頼でき、より根本的で、より貴重な何かとなっている。ある人たちはすべての紛争や戦争が絶対的真理を排他的に主張することから生じるがゆえに、宗教にその根があると言って非難するのだけれども、他の人たちは私たちの民主社会の基礎に多かれ少なかれ暗黙裡に見つけ出すことのできる平和、友好、愛のメッセージをそこに見てとって称賛する。宗教は個人的ないしプライベートな領域に限られるべきだとひとは競って何度も言うのだけれども、公的な場についての問いはめったに起こらなかった。まるで〈教会〉と〈国家〉の分離が、それ以上考えられないほど古いものと見なされた内面性を考慮して初めて必要となってきたかのように考えられている。こうしたことにもっとはっきりと目が利くのが宗教哲学なのである。

宗教哲学はいろいろなものでありうる。私たちはここでその最も本質的な意味にしたがうつもりだが、それによると宗教哲学は宗教的諸事実やその意味、その理由についての省察であろうとする。この場合、「宗教の哲学」という観念がもつ主語的属格を無視することはなく、哲学さらには合理性のひとつのかたちを、いわば知恵への道を、宗教そのものに認めることもやぶさかではない。したがって、この研究領域では、諸々の宗教上の大きな問い（祭祀の意味、神、信仰、教会、道徳的命令、など）や、哲学者たちがこれらの問いについて述べることのできたすべてのことが関心の対象となる。ここには広大な領野が広がっている。というのも、古代から私たちの時代に至るまでのすべての哲学者たちが、宗教について述べるべき重要な何ごとかをもっていたからである。したがって、宗教哲学の領域は、ごくわずかな点を除けば、哲学そのものを検証することになるだろう。

ありがたいことに、宗教哲学はもっと正確な意味でも理解することができる。①宗教哲学はより簡潔な問い（宗教の本質、神、不死、しかしこれらはすでに大きな主題だ）に注意の的を絞ることができる。②宗教哲学は、宗教一般の「哲学的」基礎の分析、さらには正当化として理解されうる（コラコウスキー、一六頁「アングロ・サクソンの伝統で宗教の哲学と呼ばれるものは、中世以来、自然神学の名で知られていた領域をおおよそカバーしている。つまり、啓示の権威を参照せずに諸々の神学的な問いを理性的に検討することである」。これはまたヘーゲルの信じるところでもあった。一九九六年、三頁）。このことはまた、特定の宗教についても同様に当てはまる（かくしてユダヤ教やイスラーム、仏教の哲学があるわけである）。③宗教哲学はすべての宗教と、すべての形態の宗教的なものに関心を寄せることもありうる。より真正なものであろうと欲する「スピリチュアリティ」の名において、大なり小なり分裂はしながらも、公的宗教に向かって何かと疑いの目を向けるさまざまなかたちの現代宗教もこの関心の対象に含まれる。

とはいえ、すべての宗教というと範囲が大きすぎる。その名を数え上げれば現在おおよそ一万はあるだろうと述べた。それらはおそらく共通の特徴をもってはいるが、新石器時代の葬儀や、アステカ神話、ヒンドゥー教（それ自身多元的だ）、「新興宗教運動」など、多様な諸現象を包括したいと望む宗教哲学は、そうした諸現象のありふれた事柄にとどまらざるをえないだろう。

一方、特定の宗教に捧げられた宗教哲学となると、今度は範囲が狭すぎるだろう。というのも、宗教的なものが多数あることを考慮に入れずに済ますことはこんにち誰ひとりとしてできないことだからである。宗教を検討した哲学者たちの大部分は、そうするうえで大抵の場合は特定の宗教を特別視していた。彼らは他の諸宗教のことを非常によろしくないものと見なしていたからである。プラトンとアリストテレスは自分たちの伝統に属する神々しか想定することができなかったし、アウグスティヌスは「キリスト教の教え」しか書き上げることができなかった。それに対して、マイモニデスやアヴェロエスといった書き手たちは哲学をユダヤ教、イスラームといった各々の宗派と両立させようと試みる。宗教のうちのあるひとつを想定することなしには宗教哲学をつくりだすのは難しい。しかし、そうした宗教哲学は、宗教的なものの数えきれない形態のうちのひとつにしか対応しないことになるだろう。たとえもし宗教哲学がある特定の宗教にもはやかかわることをせずに、この上なく全般的な客観性をもつようになったのだと言い張ろうとも、右に述べたことがひそかに真であり続けることにかわりはないと白状せざるをえない。遠回しせずに言えば、キリスト教は、宗教的なものについての哲学や省察に対してその痕跡を非常に色濃く残したので、ひとが認めると否とにかかわらず、宗教についての省察を規定し続けている。たしかに、キリスト教それ自身、ユダヤとギリシアの基礎のうえにつくり上げられたのであり、それが異端と呼んだ諸々の祭祀の要素を組み込んでいないわけではない。けれども、ここでは、できるかぎり中立的でありたいという意味で、宗教的なものについての発想に対するキリスト教の影響力ないし支配力について語ることができるだろう。

こうした暗黙のうちにキリスト教に支配された表象にしたがうならば、宗教とは、①第一に、個人的な信仰の領域に属している。②形而上学に由来するこの宗教は、超越的で永遠なる唯一神を信じる。③一定の祭祀によって表現される。④道徳的戒律を定めている（十戒、山上の垂訓、決疑論）。⑤ほとんど政治的と言ってもよいひとつの制度、すなわち〈教会〉のうちに具体化される。教会は聖職者のヒエラルキー、司祭、ラビ〔ユダヤ教の精神的指導者〕、シャーマン、さらには〔法王のような〕長を有している。⑥ドグマと信仰箇条によって規定されている。そして最後に、ここから以下のことが想定される。⑦ドグマや信仰箇条は啓示によって手渡され、伝統によって伝えられた聖典によって霊感を与えられている。

これらの性質がすべての宗教において見出されるわけではかならずしもないことを示すことほど容易いことはない。実際のところは、事情がまったく異なるのである。けれども、それでもやはり以下のことにかわりはない。すなわち、宗教的なもののこれら他の諸形態に関心を抱くようなひとは、そこに信念のひとつの形態、神人の受胎、典礼、道徳、ヒエラルキー、なんらかの教義、多かれ少なかれ「聖なる」文書をともかく見出すことだろう（文書を知らなかったか、あるいは特権的なものと見なさなかった宗教の諸形態のうち、多くのケースに当てはまることなのだが、口頭伝承や記憶、伝統が問われるときにも、これらがなお漠然と想定され続けている）。経験に基づく宗教研究によって、すぐに次のことがわかる。ある宗教では信念の概念がほんとうの意味では知られておらず、他の宗教では超越的ないし唯一の神という観念が知られていない。またある宗教はヒエラルキーも、教義も、聖典も、強制的な道徳戒律も備えていない、と。それでもやはりキリスト教の図式は非常に強いままであることにかわりはなく、好むと好まざると、ひとはキリスト教のせいで宗教のうちに私たちが見慣れてしまったものと等価なものを、他の「信念」（すでに手垢のついてしまった用語だが）のうちにも「当然備わっているものとして」探し求めることだろう。このことは、キリスト教が酷く攻撃される場合でさえ、やはり当てはまることである（たとえば、この宗教は厳格な道徳も教義もヒエラルキーも備えていないから値打ちあるものだ、など）。歴史上のひとつの事実にかかかわることなので、これはことさらに反キリスト教的な感情を養って是が非でも戦うべき影響力というわけでもない。もっともこの感情はかなり広まってはいるが、むしろ宗教哲学の枠組みのなかではっきりさせる必要のあるものだろう。具体的には、ローマ帝国の宗教として公認されて以来、キリスト教は宗教の哲学的省察を支配してきた。唯一それを免れるのは、アル・ファーラービーやアヴィケンナ、アヴェロエスといったイスラームの哲学者たち、あるいはユダヤ教ではマイモニデス、啓蒙時代からは東洋の諸宗教に通じた哲学者たちであった。だが、このうち最後の人たちは、たいていキリスト教のパラダイムから逃れるためにそうしたのだった。

それでも、宗教哲学は、ギリシアの哲学者たちが宗教現象について述べたことから出発して、この影響力の限界を指し示すことはできる。たしかに、宗教についてのギリシア哲学の解釈もまた、いつも自覚されるとは限らないにしても、キリスト教の地平に依存したままだろう。けれども、ギリシア人たちが述べねばならなかったことはその限りではない。しかしながら、ここでギリシア人から出発するよう私たちを駆り立てるのは別の理由からである。つまり、宗教的事実が——それが一個のものとして存在すると想定してのことだが——いつ初めて現われたかを誰も正確に言い当てることができないとしても、哲学がギリシア世界において誕生したことは、ときに反駁されもするが疑いのないことだからである。ところで、この哲学は、世界の秩序が懸命で慈悲深い神々によって保証されたということを仮定する「神話」のあとに続いて興り、それによって可能なものとされたのである。したがって、人間が順応すべき世界の秩序、コスモスという観念は、宗教によって前もって形成されたものだったわけである。哲学が説明しようとするのは、まさにこの世界の秩序という観念なのである。

宗教についての哲学的省察とは、このように、〔哲学が宗教に対してもっている〕ある借りとみずからの由来とを再認識することなのである。つまり、宗教が哲学の出現に先立ち、哲学による知、合理性、幸福の探求を可能にしたわけである。とはいえ、ギリシア人たちの検討に入っていくまえに、宗教の本質とその普遍性について評価しておくのが肝要だろう。というのも、宗教哲学についての基本的な哲学的問いは、その本質を理解しようとする問いだからである。

第二章　宗教の本質——信念をともなう祭祀

プロティノスとアウグスティヌスが時間について述べたことと同じことが宗教についても言えるかもしれない。つまり、それはいかなるものかという問いを立てないかぎり、ひとは何にかかわっているかをたいていは知っている。しかし、そうした問いを直接に立てたとたん、ひとはそれをもうほとんど知らないも同然となってしまう。よく言われるように「何らかの超越への信念の体系」が問題なのである。けれども、体系も超越も備えていない宗教や、信念としてははっきりとは認知されない宗教を見つけることもまた容易いことである。

宗教現象は、多様すぎて宗教社会学の研究者がしばしばそう定義するのを拒むような形態にもあてはまることがある。たしかに、名目論的な時代の雰囲気のせいで、物事の本質にかかわるすべての言説が、あたかも下品な言葉でもあるかのように忌避されてはいる。だから、本質は、いささかプラトン的な、すなわち非時間的で絶対普遍の観念《イデア》へと誇張的な仕方で結びつけられてしまうのだ。宗教研究から私たちが学べることがあるとすれば、それはまさしく宗教というものがあらゆる文明において同一の何ものかとはなかなか一致し難い、ということだろう。たしかにそうなのである。けれども、単数形で言われる宗教的なものの複数のかたちについて語るならば、宗教的なものは何ごとかにうまく一致はするだろう。そういうわけだから、宗教の本質についての問いはアプリオリな観念を探求するものなのではなくて、もっと初歩的な問いに答えようとしているのだ。つまり、宗教が問われているとき、ひとは何について語っているのか？　という問いである。宗教現象において、それがさまざまに変貌していくなかでいったい何が保たれるのだろうか？　そこに共通のものが何もないというのであれば、宗教という語は何の意味ももたないことになってしまうだろう。また、この何かが謎であることをやめてしまうようでは、哲学はそれに興味を示さなくなってしまうだろう。

この点にこそ、宗教哲学は主要な問いを認めることができるだろう。つまり、この哲学は何よりもまず、宗教とは何であるかということや、その構成要素と存在理由は何であるかといったことを理解するために、宗教の本質を対象とするのである。宗教哲学は次のようなことには直接関心を示さない。(宗教社会学が関心を示すような) 一定の社会において実践が行なわれている割合、(神学が関心を示すような) 信念の実際的で宗派的な限定されたある形態、(人類学や諸宗教を比較する学問の研究領域に入ってくるような) 宗教的なものの途方もなく多様な諸形態、(文化哲学の関心をひくような) 私たちの文明における宗教の文化的で政治的でさえあるような重要性、こういったことには関心を示すことはない。むしろそれは、宗教とは根本的には何であるのかということ、それゆえその本質に関心を示すのである。

I　本質主義、機能主義のアプローチ

一般に、宗教へのアプローチは大きく二つに区別される。機能主義のそれと本質主義のそれである。けれども、それらは相容れないものというわけではない。

機能主義のアプローチの仮定によると、宗教はそれを実践するひとに多少とも何らかの機能を果たすのだから宗教は存在する。ところが、その機能は外部からその宗教を研究するひとにとっても見通せるものなのだ。このアプローチは、そのものとしては実り多いものだが、概して系譜学的で因果主義的なものである。つまり、宗教は何かから出発して説明されるか、もっと批判的な慣用表現にしたがうならば、宗教とは「……以外の何ものでもない」。ここでは、宗教は独立した現象、あるいはありのままの現象だとは見なされていない。そうではなく、宗教は理性がよりよく説明することができ、また理性だけが見通せる別のものへと追っ払われてしまっている。

宗教の機能についての、あるいはその理由についての問いに対する答え自体は複数ある。以下に挙げるのは、網羅的とはいえないけれども、機能主義的解釈の概要である。これらの解釈はすべて真理の核を含んでいる。

（一）宗教は、科学が存在しなかった時代に、自然現象を説明するのに役だっただろう。そこから、宗教が魔術的で悪魔的な力に頼るということも起こる。宗教はここではひとつの擬似科学、または近代科学が到来するまで優位にあったアニミスムの一形態と見られている。宗教のこの機能主義的な解釈は、古代からエピクロスやルクレティウスに見られたものだが、オーギュスト・コント（一七九八～一八五七年）が人間性の（原始的な）宗教的段階を（科学的な）実証主義的段階から区別した際に有名になった解釈である。この発想は、科学が宗教にとってかわったと見るポピュラーなイメージの中に、根強く残っている（ところがすでに見たように、この問いに関する科学者たち自身の見解はもっと含みをもつものなのだ）。

（二）宗教は道徳的責務を説明する試みであるとする解釈もある。つまり、道徳的に行動しなければならない、なぜなら神の命令にかかわることだから、というわけである。こうして、宗教は道徳の垂直的な正当化を提供し、この正当化のおかげで道徳に報酬や刑罰を結びつけることが可能となっている。つまり、ひとは道徳的に行動する、なぜならひとは将来の至福（カトリックにおいて選ばれた者だけが受けることのできる最高の幸福）を希望するからだ、と。宗教現象はここでは、それよりももっと原初的でもっと確実なものと見なされた道徳感情から出発して説明されている。だが、かならずしも宗教をけなすためにそう言われるわけではない。ルソーやカントといった思想家たちなら、道徳の命令は神の命令と見なしうると言うかもしれないが、他方でそれら命令の起源は純粋に道徳的だとも言うだろう。神のしるしは希望の意義をそれらに与えに来るのだが、それはいささか道徳にさらに付け加わる剰余価値に等しいものであるかもしれない。

(三) やや同じ文脈かもしれないが、社会的政治的なひとつの秩序、すなわち統治者(ファラオ、王)や司祭のような特別な身分が担う役割を説明したり正当化したりする試みが、宗教のうちにしばしば見出される。これは、若きマルクスの手稿やニーチェの『道徳の系譜学』(一八八七年)にも、スピノザの『神学・政治論』にも、まったく同様に見出される宗教哲学である。とかく民衆の阿片と見なされがちな宗教だが、ここではもっと原初的なものと捉えられた社会学的、政治的、あるいはイデオロギーにかかわるひとつの現象へと宗教が還元されている。

(四) 投影や錯覚という二の観念のすぐあとに続いて、もっと精神分析的な解釈が宗教のうちにとかく転移の現象を見ようとする(神は子を保護するはずの父として機能し、私たちは存在の不確かさからつねにこうした子であり続ける)。フロイト(一九二七年)にしたがえば、この転移という現象は集団的でいくぶんナルシスト的な神経症という事実ということになるだろう。宗教はここでは、私たちよりも無知で惨めであった祖先たちが、自然の圧倒的なちからに立ち向かいそれと向き合った際の私たちの無力さを一時的に緩和するために創り出したものであって、昇華や抑圧の現象と関係がある。一口に言えば、宗教とは、こんにちでは科学が見破ることのできるひとつの錯覚なのであり、したがって科学こそが人間をその固有の神経症から治すことができるのである。

(五) 一般に認められた機能主義的解釈の最後の形式であり、フロイトも想定しているものだが、それによると、宗教は何よりもまず人間の意識にとっては耐え難いであろう死を前にしての苦悩から生まれる。したがって宗教とは、人間の有限性および死が象徴する無に直面してすすんで盲目になるという事実ということになるだろう。この説明形式は、広く普及していくうえで、近代の個人主義の地平や、この個人主義が生と死後の存続とに与える人間の人格の重要性を想定している。けれども、この説明形式がすべての形態の宗教に当てはまるかどうかは定かではない。仏教のある形態では涅槃の静寂のうちに個体が消滅することがむしろ賞揚されるし、ユダヤ教のもっと古い形態では、他の宗教の多くもそうであるように、死後に生き延びるという観念が知られているとは思えないのである。

II　宗教的なものの超記憶的《インメモリアル》性格

機能主義的な諸々の解釈は宗教哲学にとって貴重なことのすべてを物語っている。なるほど、宗教に慰めと投影の役割があること、耐えがたい物事の「解釈」を宗教が提供したこと、また、大抵の場合、宗教が社会的ないし観念的な布置を反映したものであるということをいったい誰が否定するだろうか。ここには（たとえ機能主義的なすべての見方がかならずしも批判的であるとはかぎらないにしても）宗教を批判する諸要素が見つかる。けれども、宗教の主題を最も好ましい仕方で理解しようとするならば、こうした諸要素は、宗教それ自身が、そして言うまでもなく宗教哲学が我が物としうると考えられるものなのである。

つまるところ、宗教批判がつねに宗教経験それ自身の一部分を成しているということを忘れてはならない、ということだ。このことは聖典をもつ諸宗教がつくる系譜においてとくに顕著なことである。そこでは各々の宗教がそれに先立つ宗教の批判のうえに成り立っている。ユダヤ教はエジプト人たちやモーセの戒律に忠実ではないようなユダヤ人信者たちの偶像崇拝を激しく非難する（金の牛やあらゆる像はヤハウェの絶対的超越の名において禁止されている）。一方、新約聖書は、ユダヤ人たちの実践があまりにも法に厳格すぎるとし、その破棄を訴える。イスラームはというと、キリスト教の無分別を、すなわちその三位一体の概念や神が子を持ちうるという観念を批判する。プロテスタントについて言えば、カトリックの硬直化した解釈の批判から生まれ、それ自身複数の改革を知ることになるだろう。宗教の批判ほど宗教的なものは他にないのである。このことは宗教のラディカルな批判についてもやはり当てはまる。というのも、宗教がそこで非難されるのは、人間に希望することの許される救済のもっと厳密な概念をひとがもつがゆえのことだからである。宗教哲学にとってひとつの重要な教えがここから導き出される。つまり、ひとが宗教を批判しうるのは、提案すべき別のもの、いわばもっと良い宗教をもっているがゆえなのである。

おなじく、次のように問うこともできるだろう。宗教はものごとを説明したりひとつの機能をまっとうしたりするのに本当に役立つのだろうか、と。機能主義的な諸々の解釈は、実際、あらゆる文化的創造行為がある明確な機能に対応しているはずだと想定している。だが、このことが確かではないのは、それが「つねにすでにそこにある」ものの領域に属する宗教の次元だからである。実際、宗教はほぼすべて、たいていの場合は省みられない仕方でひとつの伝統を保有している。というのも、宗教は、自然に繰り返されている祖先たちの風習や儀式、物語を介して表現されるものだからである。したがって、宗教とは、自分たちの権力を正当化したいと願う悪賢い精神の持ち主が、信者たちの信じやすさにつけこんで、ある朝突然に発明した代物というわけではないのだ。たしかに、ある場合にはこうしたことが生じもした。まったくの詐欺師にすぎないいかさま治療師や教祖たちはたしかにいた（とはいえ、これは宗教の世界にかぎった現象なのではない）。だが、一般に、「つねにすでにそこにある」伝統、記憶、風習の寄与分は、記憶にないほど遠い太古《インメモリアル》より続くやり方でもって、諸宗教の歴史においてそのちからを示すものである。ここでは個人は、自分にふさわしいものや自分の要求に応えるものをメニューから選べるような立場にはない。彼は伝えられた祭祀に我と我が身を同化するのである。これはあらゆる宗教の「前過去」とでも呼びうる事態、つまり意識に比べてそれが先行しているという事態なのである。

はたしてすべての宗教が、信じるというたったひとつの要求から発してくるものだろうか？　このことが疑わしいのは、諸々の宗教が、なぜの問いやそれらの存在理由の問いが生じるよりも前から、そしておそらく信じるということがそれとしてはっきりと認められるよりも前から存在したからである。これこそ宗教的なものの超記憶的《インメモリアル》先行性ということの意味なのだが、この意味は伝えられた現実の一部となっており、記憶の伝統のうちに組み込まれている。たしかに人間はいつの時代でも「信じやすい」存在であったし、現在もまたそうなのだけれども、はたして宗教はこの信じやすさだけにかかわるものなのだろうか？　ユダヤ教は周知のように信念よりもむしろ血統や伝統への帰属のほうに属している（そもそもこのことは諸宗教の歴史のなかで例外というよりもむしろ標準となっていることだ）。ここでは、伝統の役割は信念のそれに比べてより一層重要であり、信じやすさという観念は何の意味ももっていないのである。

とくに、機能主義的な解釈が本質主義的な解釈と関連していることがわかる。宗教とはあれやこれにほかならないと述べることは、けっきょくのところ、その本質について、つまりそれが根本的には何であるかということについて意見表明をし、自分はそれをきっぱりと見抜いたのだと主張することに等しい。それゆえ、本質主義のアプローチから、つまりたとえ計り知れないほど多様であるにしても宗教を固有のものとして構成するものについて反省することから、誰も逃れることはできないのである。

Ⅲ　宗教の二つの極

宗教にとって根本的で特有なものとして現われる二つの次元がある。祭祀《キュルト》と信念《クロワイヤンス》である。このことは自明のことでは全然ないだろう。というのも、これらは時に専門家のあいだでさえ、どちらに重きがあるかが議論されるような二つの側面なのだから。近代の人びとにとっては、祭祀の次元はしばしば二次的なものとして現われる（唯一にして真なる祭祀は心のそれである、とルソーやカントなら言うだろう）。近代では、祭祀や儀式がいくぶん魔術的な実践へととかく結びつけられがちで、真の宗教はそうした実践を抜きにしてすますべきということになる。近代は宗教を信念という概念に結びつけることのほうをより好むのであって、この二つの語はほとんど交換可能であるとさえ言ってもよい。つまり、信念と同じ数だけ宗教があるわけだ。近代にとって、宗教はそれゆえ祭祀よりも信念の領域によりいっそう属しており、祭祀のほうは信念の帰結と見なされているのである（モーセ、イエス、あるいはムハンマドを信じる人びとは、彼らや彼らを引き合いに出す人びとによって創設された祭祀にしたがうだろう、という具合に）。

ただ、このように信念に固執する傾向は宗教の歴史においてかなりあとになって現われてくる。もっと古い諸宗教になるとこの信念の次元が知られていなかっただろうということに専門家たちはしばしば注意喚起する。P・ジゼル（二〇〇七年、五四～五五頁）が主張するところによると、これはギリシア・ローマ時代の諸宗教の場合に当てはまることとされる。「古代ギリシア・ローマに信念の問いはふさわしくない。宗教的なものはそこではコスモスとの関係に属しており、知恵と節度から成り、人間の条件に結びついている。詩人たちによってもたらされるさまざまな叙述や神話がこの関係を物語ったり演出したりする。それらは世界をさまざまな仕方で物語るのだが、そこには信じるべきものは何ひとつとしてない。（……）コスモスと相関して、古代の宗教的なものは本質的に儀式的なものとなる。遂行されるべき諸々の儀式があって、それらには神話がともなっている。儀式は、異邦人や旅人であっても、各々によってある一定の場所で遂行されるべきであり、さもなければペストや他のあらゆる宇宙的災厄が起こってしまいかねない。信じることによる参与も自己への立ち返りもなく、ただ遂行されるべき儀式があるのである」。

古代宗教がより儀式的で公民的なものであったことにジゼルが注目するのは正しい。ほぼすべての古代宗教に、祭祀の諸々の実践と形態を列挙することができる。たとえば、主要な通過儀礼、出生、共同体への加入、結婚、葬儀、また自然のサイクル（夏至や冬至、満月など）である。これらの祭祀は、記念や、なだめ、まじわりといった、限りなく多様な複数の役割を果たし、動物やときには人間の供犠によってしばしば表現される。集団的で参加型のこれらの儀式は、たいていの場合政治的な地位を占めている宗教上の権威者、すなわち占い師、ドルイド〔ケルト人における祭司〕、ハルスピス〔古代ローマにおける占い師〕

によって執り行なわれ、しばしば贖罪的ともよびうるような機能を発揮する。実際、それらは神々や自然のちからを慈悲あるものや好意あるものに換えることを目的としているのだ。さらに「贖罪的な」供犠となると、贖罪の山羊を介して〔レビ記第一六章、第二二章参照のこと〕、類似の機能を果たすのである。

近代の霊性は、かならずしも祭祀のすべての形態を拒否するわけではないにしても、宗教のうちにむしろ個人の信念の事柄を見ようとする〔ここにキリスト教やそれが信念ということに差し向ける強調の結果を見ることもできるだろう〕。主体的な参与の領域とされることで、宗教はよりいっそう個人の問題となり、さらにはもっぱらプライベートなものとなってくる。一六八九年の『寛容に関する書簡』のなかでロックは、あらゆる宗教について内面にかかわる問題だと述べることになるだろう。「真なる宗教がもつすべての生とちからは、精神の充実した内的な信念のうちに宿るのです。そして信仰は信念なしには信仰ではないでしょう」。私たちにとってはいたって平凡なものだが、ギリシアの思想家やケチュア〔インカ帝国を興した南米の民族〕の僧侶には到底理解しがたい考え方がここには見られるのである。

宗教は古くなるほどいっそう儀式を中心としたものだったということが言える一方、最近の形態になるほど宗教はキリスト教の及ぶ範囲内で信念によりいっそう固執するものとなるだろう。けれども、この範囲というのはもっと古いものなので、祭祀の観念から出発してそれに根本的な次元を認めることができる。たしかに祭祀という観念は私たちにはいささか奇妙なものだけれども、それは信念の諸宗教が保護し掘り下げさえした魂の祭祀という観念において重要な仕方で立ち現われてくるものなのである。

祭祀（culte）という概念は耕す（cultiver）を意味するcolereという動詞に由来する。この語の最も農耕的な意味では、ひとは大地を肥沃にするために耕すわけだが、宗教上の祭祀の場合は神にとって大地を豊かにするために耕すのである。だから、すべての祭祀は、たとえ意識しないにしても、儀式に参加するホモ・サピエンスが何らかの精神をもって、意味のあるひとつの祭祀が問題なのだと知りながら、あるいは感じながらそうするかぎり（これこそサピエンスの言わんとすることなのだ！）、自己崇拝を含んでいるわけなのだ。まさにこの意味で、たいていの場合、宗教は共同体によって共有された信念をともなう祭祀だと言うことができるのである。

ここで、祭祀と信念という二つの極について語ることで、宗教的なものが一方よりも他方のほうへと向かうことがありうるということを強調することができるだろう。古典的な宗教になるほど儀式的であることははっきりとしており、それに対して近代の宗教、そして宗教としてみずからを意識している宗教は、よりいっそうみずからを信念として理解している。けれども、一方の極は他のそれなくしては方向付けられることはない。信念は主体的な参与、すなわち自己への何らかの働きかけを含んでおり、したがって祭祀ないしは実践の形態を含んでいるわけだが、この形態は静かな祈りや聖典読解、人生を見つめることに限られることもありうる。同様に、祭祀はかならずしも信念として省みられる必要はないが、それは何らかの意味において実存の何らかの方向付けを含んでいる。というのも、ひとつの儀式が遂行されるのは、それが意味する何ものかとして感じ取られるから——したがって信じられるから——

なのである。

Ⅳ　象徴が翻訳する生のもつ意味

これはすなわち、宗教であるところの信念をともなう祭祀が象徴的な次元を備えているということでもある。それは諸々の行為や儀式を遂行するが、その射程は身振りそれ自身を超過する。実際、雌羊が供物として捧げられるのは神々を好意的にするためだし、同様に、ある人物が水で洗礼を施されるのは彼の罪をそれで洗い流すためなのである。

象徴（symbole）という語は、「ともに倒れる」を意味するギリシア語の動詞 *sumballein* に由来する。それは与えられたものとそれが意味するもの（水と浄化）のあいだの一体化を表現している。宗教の世界とはただちに、何事かを言わんとする世界、したがって意味される象徴的世界なのである。この象徴の射程範囲は、あるいはもっと簡単に言って意味作用の射程範囲は、儀式に関与するひとの精神に、ある仕方で、あるいは別の仕方でありありと示される。ある式典や、あるいは儀式の行列に参加するのは、それが意味をもっていると感じ知る《サピエンス》からだ。まさにここにこそ信念の次元が割って入ってくるのである。たとえこの次元がもっと古典的な文化における儀式ではほとんど認められないどころか、しばしば主張されるように、欠落しているとしても、そうなのだ。すなわち、ひとが儀式を遂行することができるのは、それを信じているからこそであり、その意味を信じているからこそであって、この意味が私たちの世界にひとつの意味を付与するというわけなのである。宗教とは、それゆえ、その本質においては、そこで祭祀の次元か信念の次元かが多く示されたり少なく示されたりするような信念をともなう祭祀なのであり、私たちのコスモスに、したがって私たちの実存に、ひとつの意味を認めるような象徴的祭祀なのである。

名目論《ノミナリスム》は、象徴機能のうちに、精神のもつ構成活動を、すなわちまずもって物理的な世界の経験にさらに付け加えられる知性の単純な投影をとかく見がちである。だが、宗教が私たちに想起させるのは、このことはまったく本当ではないということなのである。これは、ただちに与えられるものの彼方に聳える記号によって、世界がすでに満ち溢れているという意味においてそうなのであって、実際、厚い雲は嵐（あるいは神の怒り……）の前兆であり、青白い顔は病気の兆候であり、良い匂いは食べることのできる何か、あるいは興味深いパートナーを想像させる。現実的なものとは、ただちに意味作用をもつものなのであって、意味は私たちの脳が単に発明したものなのではない。

リクールがきちんと見て取ったように、人間が意味の経験を、またそれによって聖なるものの経験を為すのは世界そのもののなかでのことなのである。「何よりもまず、世界の上に、世界の諸要素ないしは諸側面の上に、空の上に、太陽と月の上に、水と植物の上にこそ、人間は聖なるものを読み取るのだ。

（……）それゆえ、何よりもまず太陽、月、水、いわば宇宙に実在する諸々のものこそが象徴なのである」[1]。

（1）参考文献【3】。

いつもこのようなものとして省みられるわけではないけれども、宗教とは、現実的なものの、そして人生の、この象徴的次元の表現なのである。実際、現実的なものは、それが最初に把握すべく与えるもの以上のものであり、ひとつの意味をもつものなのだ。諸々の祭祀や信念におけるこの意味の分節作用、これこそ宗教なのだ。この分節作用こそが普遍的な何かを有しているのである。

V　宗教の普遍性

（一）宗教の普遍性ということで言いたいのは、何よりもまず、宗教はほぼすべての文明、そしてすべての時代において、いたるところにあったということである。ヘーゲルも宗教についてこう述べている。それは人間と文明がもっている、より固有の、より貴重なものなのだ。というのも、それが人間と文明の芸術作品を、あるいは私たちがこんにちそれらの芸術作品と見なすもの、その最も高い次元での実現、そしてそのより大きな至福の源泉を、しばしば証明するものだからだ、と。このことは彼をしてこう言わしめる。宗教は「人生の日曜日」（一九九六年、五八頁）みたいなもの、すなわち自己自身を反省する生の精髄みたいなものだ、と。実際、宗教は、私たちが古代の、あるいは外国の文化のなかで最も考慮に入れるもの、最も賞賛するものなのである。

（二）したがって、宗教の普遍性ということで、私たちは諸々の祭祀や宗教が無限に多様であることに再び思い至る。イスラーム原理主義やカトリックのジャンセニスムなどにおいてしばしば行なわれているように、あまりにも性急に、またあまりにも都合のよいやり方で宗教をその特殊な形態へと結びつけてしまうような、宗教に関する出来合いの観念があるが、この普遍性のおかげで、こうした観念に対して私たちは幸いにも気をつけることができるのだ。すべての宗教が官能や女性に敵意をもっているなどと述べることや、すべての宗教がひとを寄せ付けない形而上学的超越へと運命づけられているなどと述べることがはたして正しいだろうか？　宗教の普遍性ということで、こうしたことが自明なことではないということを私たちは思い出すのである。太陽や動物といった自然の実在物を崇める宗教もいくつかあって、これらは形而上学的な性格をまったく有してはいない。ある宗教は絶対的な神、あるいは超越的な神についてはほとんど語らないし、他のある宗教はよりいっそう民族と一体化している。けれども、すべての宗教のうちに、私たちの宇宙にひとつの意味を認める象徴によって翻訳されるような、信念をともなう祭祀を哲学は感じ取ることができるのである。

（三）それによって宗教の普遍性はつぎのことを強調するに至る。すなわち、何らかのかたちの宗教がなければ、つまりみずからの実存主体への根本的で萌芽的でもあるような何らかの方向付けがなければ、本当の意味でいかなる人間も存在しないということ、また、ある人びとは世界観ないし人生哲学をスピリチュアリティと呼ぶのを好むであろうということを。各人は自己自身にとってひとつの問いであるというアウグスティヌスの定式や、人間はみずからの存在においてこの存在自身にかかわりゆく、そうした存在者であるというハイデガーの定式をここで想起することができるだろう。この気づかいは存在の意味をめぐる不安、すなわち諸宗教が分節化しようと試みる不安を表わしている。世界についての宗教的ではないある見方においては、独自の仕方で、こういった意味に代わるものが探し求められることであろう。

（四）最後に、宗教は原理としては普遍的たらんと欲する救いを提供するものだという考え方を、宗教の普遍性は強調してきた。宗教、そしてそれに生気を与えるユートピアは、私たちのもつ普遍性という概念の起源に見出されるものだ。人権の普遍主義を、聖パウロが『ガラテア人たちへの手紙』のなかで表明した救いの普遍性（第三章、第二八節）とともに理解すべきであることは火を見るよりも明らかなのである。

こういうわけで、宗教の目的はひとが別のものを信じる場合にしか表明されることがほとんどない。けれども、何を信じる場合か？　こう問うのは、人間性の宗教的段階を超えたいと望む人びとの役目である。ただし、こういう人びとにとっては、宗教的言説をたくさん借用することなしにはこう問うことすら難しい、ということも大いにありうるだろう。

第四章　ギリシア世界

I　ギリシアの「宗教」

宗教ははたしてギリシアの現象だろうかと、ときどき問われることがある。こう疑われるのは、*religio* というラテン語に正確に相当する語を見つけるのが難しいということもあるのだろう。だが、相当する語は正確ではないにしても存在しはする。ギリシア人たちは敬虔《エウセベイア》という概念をもっており、プラトンは『エウテュプロン』や『法律』のなかでそれについて語っているのだが、これは信心深い精神状態というよりもむしろ、都市国家の祭祀が求める儀式や祈りの遵守に相当するものである。不敬虔であると告発されるとき、ソクラテスは反対にいつも都市国家の祭祀を尊び守ったのだと答えることになるだろう。

ギリシア語が宗教という語を知らなかったとしても、複数中性形で「聖なる事物」について（*ta hiera*、単数形の *to hieron* はしばしば供犠の犠牲者をさす）、あるいはまた「神的な事物」について（*ta theia*『エウテュプロン』四*e*)、すなわち敬虔《オシオン》に属する事物についてはよく語られる。これらの宗教的な事物はギリシア人たちが自明なものと認めていた神々の世界を示唆している。というのも、彼らの自然と神話体系はそれらの事物で満たされていたからである。神的なもの《テオス》の経験は高次のちからの経験だ。ホメロスでは、神々はしばしば「より強い者たち《クレイットーネス》」と呼ばれている。神々はありのままの姿では見えないのだが、ひとは結果を通してこの神々を認めることができるのだ。「〈ちから〉が神となるのはなぜかと言えば、私たちがまったく不調和なままでいるのに対し、そのちからは多様な『結果』をその権威のもとにとりまとめるからなのだが、ギリシア語もまたこのことを連想させる。なぜならギリシア語は、最も多様な諸領域のなかで発揮されるひとつの同じちからの表現をそこに認めるからである。雷や天空がゼウスのものであるのは、卓越した優位性、覇権のしるしを携えるあらゆるものを通して、神が宇宙全体のうちに顕現するからなのである」(Vernant 一三頁)。

　神的なもののこの優位性は、物理的な現実だけでなく、心理的、倫理的、そして制度的な現実にまで及んでいる。私たちを押し流したり私たちから去ったりする情念は、ある神の仕業なのだ。たとえば、勇気、平静さ、怒り、悪知恵といったものもまたそうである。『イーリアス』では、アキレウスとの闘いに際してヘクトールに勇気を吹き込むのはアポロンなのだが、そのアキレウスはというとゼウスの娘であるアテナによって援助される。はてさて勇敢なヘクトールは救われるべきか否かと神々は自問する。アテナが認められ、ゼウスの天秤はアキレウスに有利となるように傾く。自分の神が自分を見離したのだとヘクトールが悟るとき、彼はみずからの運命を受け入れ、死に身を任せるのである。

神的なものをめぐるギリシアの思想は、信じる主体にではなく、世界を支配する神的なもののちからや、運命や生、成長のちからに関心の焦点がしぼられている。W・F・オットーが述べたように（『ギリシアの神々』、一九二九年）、ギリシアの眼差しは世界を神的なものと見なし、神的なものを世界と見なす。けれども、だからといって自然の宗教が問題となっているわけではない。「雷や嵐、高い峰々はゼウスそのものなのではなく、ゼウスに属するのである」（Vernant 一三頁）。神は、人間がそのほんの少しのことしか知らないような高次のちからの表現なのである。神々と人間の世界がこのように分離していることは本質的なことで、宗教についてのギリシア哲学にとってもそういうものであり続けることだろう。神々は死ぬことのない幸福な存在だが、それに対して死すべき者たちは死に屈するもの、短い開花のあとしおれてしまう惨めな被造物なのである（『イーリアス』第二一巻、第四六四行）。

世界のこうした神的な見方は、豊かなギリシア神話の体系を構成する諸々の物語によってもたらされる。だが、その神話の基準となるべき唯一の解釈は存在しない。最も有名なものはホメロスの物語、最も体系的なものはヘシオドスの物語である。『神統記』のなかでヘシオドスは、ティーターンが自分たちよりも古い大地の神々に対して戦ったあとに、ゼウスによって統治されたオリュンポスの神々の帝国が台頭した、と教えた。世界はこのようにカオスからオリュンポスの秩序へと移行したのだ。この秩序を創設したゼウスは遅れてやって来はしたが、ヘシオドスによれば「神々と人間の父」なのである。

古典ギリシアにおいて祭祀の対象となるのは、何よりもまずオリュンポスの神々、すなわちゼウスとその子孫たちである。けれども、もっと古く、もっと地上的で、さらには地下的な神々の祭祀も残っていた。それぞれの都市国家は守護神を有しており、その神々に特別な祭祀を捧げることになるだろう（アテナはアテネとスパルタを見守り、アポロンはトロイア人たちを守護する）。

この「敬虔」は、神話体系や神々の系譜、また神的なものの高次のちからの似通った経験をもつ他の古代の祭祀にも見られるものだが、これは少なくとも二つの特徴から哲学を準備するものである。

(一)神々、とくにオリュンポスの神々は、魂と都市の秩序と同様、自然の秩序の原因でもある。したがって現実は秩序づけられた何ものか、「合理的な」何ものかとして措定されるのだが、それはなぜかといえば神々によって統治されているからなのだ。ギリシア哲学は、理性によって支配されたコスモスのこのような認識から流れ出てくる。ただ、この認識に神話的ではない言い回しを与えることになるのである。

(二)神々の世界と人間の世界の分離は哲学によっても維持されることだろう。ギリシアの神々が不死であり、つねに美しく、歳もとらずに賢明であるのに対して、人間は死に苛まれており、賢明であるとしてもそれは彼らが神々の意志にしたがうときだけなのである。永続性と知恵によって定義される神的世界と、不安定で、変わりやすい憶見の虜になっているものとして措定される人間世界とのあいだの、形而上学的とも呼びうる差異がここにはある。分離は存在と認識の両方に依存しており、一方には安定性や永続性や知、他方には変りやすさや目まぐるしい数の憶見があるのである。

II　ソクラテス以前の哲学と宗教

ピンダロスのような詩人たちや、悲劇作家たち（アイスキュロスやソフォクレス、エウリピデス）は、不死なる者と死すべき者とのあいだにできた深淵をたえず思い出させようとする。主要な差異はちからにかかわるものである。永遠で幸福な神々はすべてを意のままに扱うことができるが、それに対して死すべき者たちの幸福は、あるとしても長続きはしない。ある人たちは、その知性、名誉、精神から、神に似た何らかの特徴をもっているのだが、それもけっきょくは神が彼らを手助けするからであるにすぎない。彼らが神々の意志にたてつこうものなら、大変なことになるだろう。

初期の「哲学者たち」は、こうした神話の遺産から自分たちの解釈をいつも区別しているとはかぎらないが、何よりもまずそこから知恵の教訓を引き出しているのである。アリストテレスが言うには、タレースが哲学者たちのうち最初の人だった。その理由は、彼が万物をひとつの原理から説明しようとしていたからである。タレースは、すべては神々で充たされていると主張した（プラトンが『法律』のなかで賞賛したくだりである）。「暗い哲学者」と呼ばれるヘラクレイトスはロゴスを、すなわちつねに存在する「一者」を思惟しようとするが、人間はそれを聞く前にも、また初めてそれを聞いたあとでも、それを理解することは不可能だと力説する。戦いが万物の父であるのならば、戦いこそがある者たちに人間のかたちを与え、ある者たちに神のかたちを与えたことになる。ただ、神は悟性をもち、人間はそれを欠いているのだ（断片五三、七八）。それゆえ神には人間が小さな少年のように見えることだろう。ちょうど人間が子供をそう見なすように。神にとって万物は美しく、善良で、正義にかなったものだけれども、人間は、ある物は不正であり、ある物は正しいといった観念を発明したのである（断片七九、一〇二）。

パルメニデスもこの区別を前提としているが、失礼を顧みずに女神の口から自分自身の教説を語らせている。これはプラトンが神話や女神によって与えられた啓示に頼るときにときどき利用することになる技巧である。六脚から成る彼の詩では、ホメロスやヘシオドス、ヘラクレイトスのテクストがそうであったように、ひとりの英雄が問題となるのだけれども、この英雄は神によって選ばれた道を運ばれ、天に通じる扉を守る女神ディケー（正義の女神で、アテナ同様テミスとゼウスの娘）のもとへと導かれていく。この女神は彼に自由に天に入らせ、つづいてこの英雄は別の女神によって迎えられることになる。この女神は彼に「万物」を、すなわち真理を前にしても恐れることのない心と、どんな信用も与えるべきではないような死すべき者の憶見とを啓示することになるだろう。真理のこの啓示は存在についての教説に結びついている。それによると、存在とはそれであるところのものであり、非存在とはそれではないところのものである。存在から非存在への移行はありえないので、生成と運動は思惟不可能であり、それゆえ存在しない。たしかに、惨めな死すべき者たちは生成があると思い込んでいるわけだが、彼らはしたがって用心すべき見せかけと言葉によって騙されるがままになっている、というわけなのである。

それでもパルメニデスの教説は、ロゴスについてのヘラクレイトスの思想とまったく同様に、哲学者たちが彼らの宗教的伝統をかなり自由な仕方でみずからのものにできていたということを示している。もっとも、初期の哲学者たちの何人かはとかく擬人化を批判しがちだった。クセノフォンは神々にあまりにも人間的な諸特性があると見なしたとして詩人たちを非難する。「ウシやライオンが手をもち、人間がするように絵を描くことができたなら、彼らは自分たちが描く神々に自分たちにまったくよく似た身体を与えたことだろう。ウマはウマの相貌のもとで、ウシはウシの相貌のもとでそうするだろう」。「神は、唯一全能で最もちからある者のうち最高の者なので、精神においても身体においても私たちには似ていない。それなのに人間は、神々を自分たちの像に仕立てあげ、神々に自分たちの思想や声、顔を与えているのだ」。こうした擬人化の批判は、大部分の哲学者たちにおいてもありふれた話題だったのだが、この批判がギリシアの宗教に由来する原理の名において為されている点に充分留意すべきだろう。これは人間とくらべて神々の世界が完全に超越しているという原理である。

ソフィストたちは批判においてもっと遠くまでいくだろう。プロタゴラスは『神々について』という失われた論考の著者である。言い伝えでは、彼は神々の存在を否定していたとときどき言われることもあるのだが、彼自身はというともっと慎ましい仕方で、疑わしいと考えている。彼の主張によると、神々が存在するか否かをひとは知ることができない。というのも、神々が目に見えなかったり、人間の生が短かったりと、私たちがその存在を知るうえで妨げとなることが多すぎるからだ。それゆえ問題とされているのは、大っぴらだがやはりギリシアの諸思想において存在しなかったとは言わないまでも稀であったような無神論なのではなく、むしろ謙虚さの告白なのである。

III プラトン——形而上学になった宗教

神々は秩序や美、徳の原因だけれども、彼らはオリュンポスに住んでいるのだから超越的でもある。いつも思い出されるわけではないが、プラトンの有名な観念《イデア》は神話の神々の跡をいくらか継ぐものとなっている。そして、神話同様、観念《イデア》は事物の形相《エイドス》と永続性によって識別できるとされる。プラトンのまったく新しい知恵は、私たちのなかの神の代弁者たる思惟が把握することのできる事物の相のこうした不変性に基づいているのである。この知恵もまた神話によって支えられており、プラトンは神話的伝統を再び我がものとしているわけである。神話の伝統が神々に関する背徳的な事柄に言及する際には、辛辣な批判を向けないわけではないのだけれども。

哲学史はすべてプラトンのテクストの余白に書き付けられた一連の注釈として読めるとホワイトヘッドは看破した。だが、もしそうであるなら、このことはまたプラトンの宗教哲学についてもさらに当てはまることだろう。実際、プラトンは、その思想と諸概念によって、神的なものや宗教、超越の思想に対して最も深い影響を及ぼした思想家なのだ。皮肉なことに、プラトン自身は神々についてまったくと言ってよいほど語らず、語るにしてもできるだけ直接的ではない仕方で語る。というのも、『パイドロス』のなかで彼が述べるところによれば、神々を誰も見たことがないからである。私たちに神々について語り聞かせたのは詩人たちだが、彼らとていつも信憑性のある仕方でそうしたわけではなかった。それにもかかわらず、「不死なる生き物」（二四六c）が問題となっていると述べることで、ひとは神々についての妥当な観念を思い描くことができるのである。

プラトンの思想のなかには、多くの原理が多かれ少なかれ公然とした仕方で神的なものの場所を占めているように思われる。①まずイデアそれ自身の場合がそうであって、私たちの世界の秩序と調和の原型となっている。けれどもこのことは、②他の諸イデアを支配する〈善〉のイデアという大原理についてはとくに当てはまる。③『ティマイオス』のなかでプラトンが述べるところによると、私たちの世界はひとりの職人、すなわちデミウルゴスが物質〔＝質料〕のなかに精神を吹き込み、またイデアそれ自身をモデルとしてつくりあげたものである。こうして、プラトンにおける神的なものの地位を充たすための候補が三つ、ないしは二つ、あることになる。すなわち、〈善〉のイデア、イデア一般、そしてデミウルゴスである。キリスト教の伝統では神が〈最高善〉と見なされ、私たちの世界の創造者であるとされるが、このときこれら〔〈善〉のイデアとデミウルゴス〕はひとつの同じものと見なされることだろう。

けれども、プラトンではこの両者は区別されたままであり続ける。というのも、彼のデミウルゴスは創造する神ではまったくないからである。

Ⅳ　プラトンによる形而上学の基礎づけ

プラトンはパルメニデスから、また神話的伝統からも、知の二つのタイプである憶見の知と真理（あるいは学知）とのあいだの区別を踏襲し、前者を死すべき者たちに共通する知、後者を神の啓示に相当するものと見る（『饗宴』）。宗教のおかげでそう考えることができていたとはいえ、このことはまったく新しいことであって、これら二つの知のタイプには実在の二つの段階が対応している。

（一）身体の眼を用いて直接的に見ることのできる実在。「王」すなわち太陽によって支配された感性界にかかわるものである。

（二）美や正義、調和を通して感性界のなかに透かし見える叡知界。けれども、魂の眼、精神の眼差しを用いて、直接的直観によってしか、厳密な意味でこの世界を見ることができない。この直観はそれに慣れていない者にとっては眼を眩ませるものである。この世界はというと、ひとりの王、すなわち〈善〉のイデアによって支配されている。

この二つの世界はプラトン思想の形而上学的な屋台骨となっている。ところで、この分離は多くの宗教の「形而上学」において踏襲されることとなる（「天と地」）。そうした宗教は、見えるもの／見えないもの、感じられるもの／知解できるもの、身体／魂といったプラトンの線引きからたいていは着想を得ることになる。

この二つの世界の区別は、合理的に説明するという狙いに応じるものである。世界、魂、都市国家の秩序を、それが示す不変性の諸相から出発して合理的に説明することが問題なのだ（正確に言えば、この秩序の諸相こそが、詩人たちに対して神的なものの現前について語るよう仕向けていたわけだ。プラトンはいつも詩人たちを嫌悪しているわけではない。彼自身、永続性や同一性、美、永遠といった神々のものであった諸特徴をイデアに与えているのだから）。宗教、哲学そして詩の境界であるまさにここにおいて、理性が発見される。理性の概念はしたがって少なくとも三段階で作用するわけだ。①それはまずイデアに支配された世界の秩序を特徴づける（ヘラクレイトスのロゴスを思い出そう）。世界は合理的である、なぜなら理念的ないしは本質の原理が浸透しているからである。②続いて、理性は合理的説明それ自身に依存している（「説明する rendre raison」という表現のうちに「理性」が含まれている）。世界を合理的に説明することとは、厳密な仕方で、すなわち論証的（ないしは弁証法的）な仕方で説明しうるはずのイデア仮説から出発することなのだ。この足取りは、究極の理由として提示されるイデアを単純に見るということに行き着くべきものではあるのだが。③これは、理性というものが同じくまた、これらの根本的現実、すなわち「魂の眼」

ないしは知性を思惟し、把握することのできる叡知的な理性を指し示しているということを意味している。

こうした合理的説明の狙いは、〈善〉のイデアという絶対的原理において頂点に達する。というのも、世界の秩序を司る究極理由は、厳密に言って、無条件《アンヒュポテトン》にあるものだからである。この究極原理は、伝統的に絶対者と呼ばれることとなるものに一致する。プラトンはまた、超越的な原理（存在の彼岸）にかかわることだとほのめかしてもいるのだが、問題とされる超越とは、『国家』（五〇九*b*）の文脈ではとくに、他の諸イデアに比べて尊さにおいてもちからにおいても〈善〉のイデアが優っていることであるにほかならない。ところが、ネオプラトニズムの人びとは、彼らが〈一者〉と呼ぶ最高原理の完全な存在論的超越を、まったく当然といった仕方で、ここに認めることになる。このように、プラトンは宗教哲学に神的なものの超越を思惟することを許す諸概念を準備したわけなのである。

感性的なものと知性的〔叡知的〕なものの分離を思惟するために、プラトンはとかく、より神話的な表象に訴えようとする。こうして彼は次のように述べることだろう。私たちは、かつて、魂にとっては牢獄のような身体のなかに魂が陥る以前には、イデアであるところの神的実在により良く気づくことができていた、と。イデアの思惟はそれゆえ想起《アナムネーシス》の努力を必要とするのだが、彼はこの努力を哲学と同一視するのである。人間はみずからを「地上へと」引きずり下ろす身体的要素から解放されることを熱望すべきだ。人間は高次の実在を目指すべきであり、可能なかぎり「神的なものに似たもの」となるべきなのだ。これが神に似る（『テアイテトス』一七六a）というプラトンの大きなテーマであるにほかならない。人間は神に似たものになれるし、またならなければならないのであり、したがって身体的なものから逃れることができるし、またそうするべきなのだ（たとえ他の文脈では身体美が叡知的なものへの跳躍台の役目を果たすことがあるとしても）。神的なものの探求を感性的なものからの逃走と同一視してしまうこのモチーフの継承者を過小評価することはできないだろう。ネオプラトニズムやアウグスティヌス、キリスト教やイスラームの大部分がこの系譜に含まれることになる。たしかにプラトンがこの系譜を発明したのではない。これはすでに、ピタゴラスにおいても同様、ギリシアのオルフェウス教の伝統のなかに見出されていた。けれども、プラトンこそがこれを概念にまでもたらしたのである。

次のように問うこともできるだろう。宗教の領域からさまざまな度合いで借りてこられた諸々の区別（見えるもの／見えないもの、低い／高い、感性的なもの／精神）をこのように形而上学的に概念化することは、けっきょく宗教を変形してしまうことにはならないだろうか。というのも、プラトン思想のすぐあとに続いて、宗教それ自身がますます形而上学的な仕方で理解されていくことになるからである。精神によってこそ、私たちは叡知的実在の認識を獲得するのだから、このことはプラトンにおいて宗教が形而上学的に昇華されていくことで、宗教における反省性と認識の要素がさらに強まっていくことを意味する。西暦初期の数世紀のグノーシス（＝認識）は、この要素をみずからの糧とすることだろう。しかし、宗教が（たとえば祭祀よりも）いっそう認識の領域に属するのであれば、その身分はどういったものとなるのだろうか？　この「認識」は私たちが数学的実在や感性的実在についてもつそれと比較しうるものなのだろうか？　したがって、プラトンの形而上学的継承者は、さらに問題的なものとなった宗教のこの認識論的身分を解明しなければならなくなってくる（「信仰《ピスティス》」という語は、プラトンにおいては感性的な確かさしかまだ指し示してはいなかった語ではあるけれども、この語がただちにこの務めを果たすこととなるだろう）。しかし、認識要素がこのように強化されることは、それがいかにわずかなことであったとしても、つねに宗教の一部となっていた諸要素、つまり祭祀と神話の陰のなかに、記憶にないほど古く、そのため問われもしなかった宗教的なものの身分を追いやってしまうことにはならないだろうか？　宗教がもつそれ自身についての理解までをも改変することになるような重要で致命的でさえある展開がここにあるということを疑う者は誰もいまい。宗教的なもののこの変貌はそれを形而上学にしてしまうことから来るのだけれども、プラトンにとってはまだ馴染みのないことである。というのも、彼は宗教的なものの領域と哲学のそれとをまだそれほどはっきりとは区別していないからであり、みずからの考えを示すために神話的伝統の遺産から着想を得ることを恐れていないからである。

こういうわけで、数多くのプラトンのテクストや神話が死後に魂を待ち構える運命を扱っている。魂たちはゼウスが設立した法廷の前に出て、そこで公平な裁判官たちによって裁かれることになる。彼らが身につけた習慣や彼らに結びついた名声に応じて裁かれるといったことがないように、魂たちは身体を脱がされる。考慮されるのはただ、彼らが行なった良いことと悪いことのみである。良い魂たちは楽園に相当する幸福の島へと導かれるが、他の魂たちはタルタロスという地下の領域へと送られ、そこで、ある魂は治癒の見込みがあると判断され、ある魂はその見込みがなく、ふさわしい刑罰を受けることになる（『ゴルギアス』五二六）。最後の審判という観念は、人間の生に意味と未来の運命とを認めるこうした神話から着想を得ている。その人生をあたかも裁かれるはずのものであるかのように生きなければならない、というわけである。

プラトンが諸々の概念と神話の偉大なる創設者だったのは、彼が高次の実在のより神秘的な経験を受け入れたからだ。イデアという究極原理を言い表わすことはできず、対象とすることができるのはただ直接的な観想である。イデアは不意の一瞬にしか見ることができないものだが、その一瞬は私たちを至福で充たす。というのも、この貴重で神的な瞬間においてこそ人生が生きてみるだけの値打ちのあるものとなるからだ（『饗宴』二一一*d*）。そのとき魂はみずからが神的実在に充たされていると気づく。それゆえ、プラトンは哲学の言説がそこへ至る唯一の道なのではないことを知っているのだ。高次の実在への上昇は、エロティックな何かをも含んでいる。恋《アムール》とは神々から来る狂気にほかならないのだが（『パイドロス』二四五*b*）、その恋によって私たちは我を忘れトランス状態になる。別の現実によって興奮《トランスポルテ》させられる〔別の現実へと運び出される《トランスポルテ》〕からである。神秘神学はすべて、こうしたくだりを糧とすることだろう。

恋の経験によって、私たちは、魂が神々の崇高なる行進にしたがっていたときにかつての諸存在のなかに見ることのできていたイデアを想起することができるのだ。実際、神々は、オリュンポスから続く、ゼウスに指揮された並外れた行列をつくる不死なる生き物たちであり、天の外の領域にある永遠の諸実在を観想して生の時を過ごすのである。ところが、プラトンが述べるところによると「天の外のこの領域は、この地上の詩人のうち誰一人としていまだ畏敬の念をもって賛歌にうたった者はおらず、これから先もそれにふさわしい賛歌をうたうものはいないだろう」(『パイドロス』二四七c、ロビン訳)。このことから、プラトンが神秘主義の父であるだけでなく、宗教哲学にとって決定的に重要である否定神学の父でもあることがわかる。神々についてふさわしい仕方で語ることは誰にもできない、と言っているのだから。たしかに、ある詩人たちはそうしようと工夫を凝らしたのだけれども、かならずしも神的なものにふさわしい事柄を述べたわけではなかったのだ。だから彼らは神的なもののより純粋な概念の名において、検閲にかけられなければならないだろう。

V 神話的伝統の批判——神的なものの善化《アガトニザシオン》

プラトンは、詩人たち(ホメロス、ヘシオドス)が神々について語ることに反論するわけではない。彼らはときにきわめて的確な仕方で神々について語っているのだ。けれども、彼らの物語はしばしば神々にふさわしくないがゆえにまったくけしからぬものとなっている。それゆえプラトンは、『国家』第二巻のなかで、ギリシア人の教育において重要な位置を占めていたこれらの物語に辛辣な批判を浴びせることになる。ここで問われているのは創設すべき理想の都市国家の擁護者たちが受けるべき教育だ。おのずから、良い母がゆりかごのなかの可愛い幼子に語ってきかせるようなでたらめの作り話を彼らに語ってきかせるわけにはいかないことになる（『国家』三七七、『法律』八八七d）。彼の念頭にあるのはホメロスとヘシオドスの物語だが、神々のあいだに戦争があったとか、またノスがその息子であるゼウスによってタタールに送り出される前に、その父であるウラノスに傷を負わせたとかいったことを私たちに信じ込ませるとき、彼らは神々に人間的な、あまりに人間的な貧困があると見なしているわけである。不死なる存在に付与することのできる振る舞いが、はたしてここにあるだろうか？

神々については良いイメージしかもつことができない、とプラトンはきっぱり述べる。神々について語りうる唯一の方法は、それについて善きものとして語ることなのだ。「だが、善良であるということの実在性は神の本質に属しているのではないかね？　そのうえ、神について語るなら、この原理に即して語るべきではないかね？　善きもの《アガトン》の世界では、有害なものなど、どれひとつとしてありえないのだよ」（『国家』三七九b、ロビン訳）。

あるホメロスの詩句によれば、ゼウスの扉のそばに「一方は幸福な運命、他方には不吉な運命で満たされた樽が二つ」あって、私たちの不幸と幸福のすべてがそこに見つかるのだという。だからといって、神々は私たちの不幸の原因なのだろうか。そう言い張るのは冒瀆的だろう。神は万物の原因なのではなく、ただ善き物事の原因なのである。神が不正行為をはたらいたなどと言うことはできない、神がそう行為した正当な理由《ロゴス》（三八〇*a*）を見出さないかぎり。これは神の行為の道徳的で寓意的な解釈への扉を開くものだ。実際、ぱっと見ただけで無礼だと思えるようなことは、道徳的な意味で理解されうるのである。

新語をつくってもよいなら、プラトンはこうして神的なものの「善化（agathonisation）」を、あるいはこう言ったほうがよければその合理化を果たすわけである。実際、神的なものは善きこと（*agathon*）の本陣であり、ただその原因でしかない。詩人が想像力に駆られて神々について別の仕方で語るときには、彼らを検閲しなければならない。ここに宗教の哲学の大きな成果がある。宗教についての哲学的な、ゆえに合理的な反省は、神的なものをそれにふさわしくない仕方で語ることを許さない。ここで、哲学が宗教にみずからの合理性の諸条件を押し付けているのではないかと懸念されるかもしれないが、善きことと理性の基準は何よりもまずギリシアの宗教それ自身に由来するものなのである。この宗教によってこそ、私たちは神の世界が善きものの世界であることを学んだのだ。哲学は宗教に対してそれ自身に一致したもののままであることしか求めていないのである。

まさにこの文脈でこそ、プラトンが神学（三七九*a*）という語を用いた最初の人物となるのだということに注意するとなかなか感慨深いものがある。「それゆえ私たちにとっての関心事は、神々について論じるときに適切なあり方とはどういったものでありうるのかを正確に知ることなのだ」。神学、すなわち神々についての言説は、これまではもっぱら詩人たちの占有物だった。いまや、哲学が一言物申すときがやってきたわけである。

VI　プラトンと都市国家の宗教

『エウテュプロン』。プラトンの師、ソクラテスが不敬虔の罪で告発された。これは最高の罪である。彼は都市国家の基礎を問いに付したのだから。プラトンにとっていつもテーマとなっているのは、ソクラテスに比べて敬虔ということからはるかにかけ離れた人物たちがもたらす倒錯した告発なのである。

若者とのアポリア的な対話である『エウテュプロン』のなかで、彼はそのことをほのめかしている。対話がどんな最終結論にも至らないからアポリア的なのだが、それでも彼の教えははっきりしている。ソクラテスは、自分の父親を不敬虔だとして訴えるひとりの神学者とそこで討論することになる。だが、この父親はいったいどんな罪を犯したのか？　ある日、彼の父親の日雇い人のひとりが奴隷を殺害した。父親はこの日雇い人をどう扱うべきか聖法解釈者に尋ねるため、使者を送るのだが、その間、その日雇い人を縛らせ、監禁しておくために溝に投げ入れておいた。ところが、使者が戻ってくるまえに殺人者は束縛されたまま傷ついて死んでしまったのだ。それゆえ、エウテュプロンは自分の父親が殺人の罪で訴えられるべきだと判断し、不敬虔だとして彼に対する裁判を起こすことにした……。さて、この出来事が「敬虔」の偉大な師となり、（よりにもよって）ソクラテスに敬虔の本質について教えてくれるのではないかと期待させることになるのである。対話の成り行きから、読者は次のように推察することだろう。本当の不敬虔は自分の父親を罪人であると同時に疑わしいものとして訴えたひとのほうに見出されるのであって、ソクラテスの告発者の場合がそうだったように、不敬虔はときに不敬虔だという告発を起こす人びとのなかに見出されるのだ、と。敬虔の複数の定義がそこで議論されることとなる。ある時点でエウテュプロンは敬虔なこととは神々の気に入ることであると主張する。そこで問題が生じ、ソクラテスがそれを指摘する。敬虔なことはそれが敬虔であるがゆえに神々に好まれるのだろうか？　あるいは、それは神々に好まれるがゆえに敬虔なのだろうか？　ここにはひとつの循環があって、これが敬虔を打算の一形態に結びつけてしまっているように見える。つまり、敬虔でなければならないのは、そうあることを神々が気に入ると考えるからなのだろうか？

敬虔とは神々に対する世話のことだと想定した場合も、同じくらい重大な問題が立ち現われる。ソクラテスは、神々はほんとうに自分たちが世話されたいと欲しているのか、と問う。はからずも、ひとは神々をより良いものにしたいと思っているのか？　神々は私たちの奉納物からいったいどんな利益を引き出すことができるというのだろうか？

教訓は明快である。神の目から見ての敬虔が取引の事柄ではない（神々は私たちからの贈り物を欲しているわけではない）ということ、のみならず、敬虔とはなにかをひとが学ぶことになるのは「過失致死」として自分の父親を起訴する神学者のほうからなのではない、ということである。

『法律』。ホメロスとヘシオドスを批判しはするけれども、プラトンは公的宗教の祭祀を非常に尊んでいるという態度をいつも見せた。このことは、彼の最後の対話篇である『法律』がよく物語っているのだが、これは彼の最も長い対話篇でもあり、理想の都市国家の法制度をテーマとするものである。けれども、アテネの異邦人がだしぬけに次のような質問をするときに、その最初の数行が神的なものを想起させるのだ。「異邦の方々、あなた方がご自身の法制度を結びつけるのは神に対してですか、それとも人間に対してですか？」と。古代の伝統がそう望むように、神が「存在するすべてのものの最初も最中も最後も掌握している」というのがほんとうならば、答えは全員一致して、神に、となるだろう。したがって、最初の義務は神に向かってのものであろう。なぜなら神こそが「万物の尺度」であって、ある人びとが言うように（プロタゴラスのことなのだが）あれやこれやの人間がそうなのではないのだから（七一六*c*）。大まかに見れば、この義務は先祖代々の宗教のそれに一致するものだ。「神々に捧げること、すなわち祈りや奉納物など全体として神々の祭祀に含まれるすべての物事を通じてたえず神々と取引をすること、これこそ善良な人間にとって最も美しく、最も善く、またそのひとの人生の幸福にとって最も効果のあることなのです」（七一六*d*）。宗教と幸福のあいだのこの結びつきをよく覚えておこう。というのも、宗教哲学の重要な部分で、この二つがしばしば対になってくるからである。

厳格な法は不敬虔に反対して発布されなければならない。なぜなら、神々が存在すると人間が思っているのならば、人間は不敬虔な行為を決して犯してはならないからである。『法律』では、不敬虔は三つの状況で生じると考えられている。

(一)神々が存在しないと信じる場合。

(二)神々は存在するが人間の運命のことは気にかけていないと信じる場合。

(三)神々は供犠や祈りといった手段にすんなり譲歩したり惹きつけられたりするものだと考える場合。

不敬虔の第一の形式が私たちの注意を引くのは、それがギリシアには存在しなかったとしばしば誤って主張されるところの信念(*hegeomai*)を表わす動詞を介在させているからである。*hegeomai* という動詞は、従属節に相当する不定詞節(*tina ti*)をともなって、……ということを(ここでは神々は存在するということを)考える、判断する、評価する、などを意味する。フランス語の信じる(croire)という動詞と同じく、この動詞は宗教の領域に限って用いられるわけではない(だから新約聖書のなかでも「誰かを敵だと見なす」ということを言うためにこの動詞が用いられたりする。テサロニケ人への手紙、第二第三章、第五節)。それを訳す最も良い方法は「神々は存在すると思う」と述べることだ。たしかに、アクセントは(少なくともプラトンの時代では)信じるという行為よりもむしろ、それに続く従属節、すなわち神々が存する、神々が私たちの世話をしている等々と思う、というほうにかかっている。けれども、ギリシア人たちが信念のどんな概念も知らなかったなどと述べることは行き過ぎで、プラトンの『法律』ほどの明白な証言を見誤ることに他ならないのである。

神々の存在を問いに付したいような人びとに反対するためには、神々のいくつかの存在証明を準備するのがよい。これらの証拠をプラトンは、世界の秩序のなかや、もっと個別的には天体の規則的な運動のなかに見出したり、ギリシア人もバルバロイたちも神々の存在を認めている(八八六 *a*、*nomizein*、すなわち認める、信じる……)という事実のなかに見出したりする。

ギリシア人たちやラテン人たちにとってもそうだが、プラトンにとって最も明白な証明は、天体の驚くべき不変性のうちにある。その永久運動は神々が原因であるとしか考えられないほどまでに完璧なのだ。この論拠はこんにちでもなお世界の秩序が呼び起こす感嘆のなかに生き続けている(アインシュタインを思い出そう)。プラトンは身体に対する魂の優位のうちに、また別の証拠を見つける。身体が魂によって動かされるのは、それが二次的なものだからだ。それゆえ私たちの魂はあれこれの身体のうちでみずからを損なうよりも前から存在したのである。これらの証拠を定式化することで、プラトンは、合理神学、すなわち宗教上の諸々の大きな信念を論証によって正当化していくような宗教哲学を実践した最初のひととなったわけである。

ところで、プラトンは神々の存在を疑問視する人びとだけを責めているのではなく、神々が人間の世話をすることはないと考える人びとをも非難している。このことはけっきょく、プラトンにとっては、そうした人びとを怠惰、怠慢であると非難することに等しいのだ。この上なく謙虚な職人として自分のつくった作品を気にかけるのだから、神々の場合はなおさらのことだろう。それゆえ、神の摂理は存するのだ。神々は私たちに神意を向けているか否かという問いは、プラトンとアリストテレス以降の宗教哲学を支配することになるだろう。この問いは、エピクロス派とストア派を対立させることになるだろう。前者の人びとは、神的なもののラディカルな超越から論拠を引き出してきて、神々は私たちの世話をしていないと主張する。それに対し、後者の人びとは、プラトンの論証と、宇宙の目的論的な彼ら自身の見方とを拠り所とすることになるのである。

最後に、神々は存在し私たちの世話をしていると信じつつも、神々は贈り物によって態度を和らげたり買収されたりするものだと思いなしている人びとのことをもプラトンは批判する。不敬虔を犯す人びとは、祈りや贈り物によって神々の愛顧を得ることはできない。神的なものに捧げうる最も良い祭祀は、正義を実践することなのだ。プラトンの目には何の疑いもなく、この祭祀こそがソクラテスが他の何にもましてより良く実践したことなのである。こうして彼は、何より道徳的な宗教を予め示したということになるだろう。

Ⅶ　アリストテレス――神的なものと神話的伝統の合理化

アリストテレスはギリシア思想のもうひとりの巨人である。彼はみずからの思想でもって形而上学のすべての伝統に深い影響を与えたのだが、私たちに残された彼のテクストのなかでは、宗教や、あるいは神話が伝えたような神的なものについて、彼はほとんど語らなかった。けれども彼は、伝統的に「形而上学」と呼ばれることとなる第一原理の学についての考えを示して見せるうえで、神的なものについて受け継がれてきた表現をすすんで用いている。これはつまり、アリストテレスが言うには、第一原因を扱うこの知を人間が所有することができるのか、と問うことができるということなのだ。それゆえ、第一義的な諸実在についてのこの学は、どちらかといえば「神的」なものなのかもしれないが、それはアリストテレスがはっきりと区別する二つの意味においてそうなのである（『形而上学』Α巻第二章）。

㈠　この学が神的であるかもしれないのは、これこそ神が所有しているかもしれない知だからである（神こそが第一原因の認識をもっているだろう）。

㈡　ところが、巷の憶見で神について言われていることによると、神が万物の原因であり原理である（神はしたがってこの学の対象でもあるだろう）。

それゆえ、形而上学は、その尊厳から見ても、またその対象から見ても、神的なのである（究極原因にかかわっているので、この学が神的なものを扱わずにすますことは難しいだろう）。けれども、アリストテレスは、みずからの形而上学を立ち上げるテクストのなかで、神が特権的対象だとは必ずしも述べていない（むしろ第一原理、在ることであるかぎりでの存在について語る）。だが、第六巻（E巻第一章）のテクストのなかで彼は、神的なものを扱う学、すなわち彼がここで、そしてここでだけ「神学的」と呼んでいる学が、「第一義的であるがゆえに普遍的な」学であると断言している。それは他のすべての存在がそこにはりついているような、あらゆる存在の第一原理にかかわるのだから、その学は存在するすべてのものを扱うのだと言うことができる。すべての存在の原理についての第一の学は、したがって、存在するすべてのものの普遍的な学でもあることだろう。

アリストテレスにおいて驚くべきことは、神的なものへの彼のアプローチが合理的ないしは学的でもあるということだ。神的なものはここではただちに天球の諸運動の説明原理として検討される。彼の失われた著作である『哲学について』の一節によれば、神的な存在には二つの原因があるという。諸天体の規則性と先見の明、すなわち魂のもつ将来を予見する能力である。天体の不変性について語ることで、彼はプラトンの『法律』に応えている。プラトンもまた先見の明のうちに神の摂理を見ていたのだが、アリストテレスによるこの先見の明へのほのめかしは、ギリシア世界の宗教的なものの見方と一致しているわけだ。実際、神々の影響力で充たされた世界においては、すべてを神のしるしと見なすことができるのである。

Ⅷ　精神の形而上学

アリストテレスの「宗教哲学」のすべてがひとつの短い論文のなかに見出されるのだが、この論文が後の編者が『形而上学』と呼んだものの第一二巻、すなわちラムダ巻となった。これは決定的なテクストである。というのも、天体運動の（それゆえ神的なものの）原理についてのアリストテレス的発想、簡単に言えば、アリストテレスが神話的伝統から作り出すことのできた発想がそこで問題とされるからである。

『自然学』の最終巻と同様、アリストテレスはここでも次のことを示して見せる。すなわち、完全な球体に沿って諸々の天体が永久に運動していることを説明したいならば第一動因がその原因であることを認めなければならない、と。この永久運動はそれ自身永久なひとつの原因、すなわち第一動因（文字通り、最初の動くもの）をもつはずだ。それが及ぼす因果関係は「生産的」なものではない。というのも、説明すべき運動が永久的なものである以上、それはある瞬間に始まったわけではないからだ。その因果関係はむしろ合目的性の秩序に属している。つまり、球体が回転するのはそれらが第一動因を模倣する、あるいは「好む」からなのだ。因果関係は、いわば高所から低所へ、ではなく、低所から高所へと及ぼされるのである。

次のことを注記しておくのが肝要である。すなわち、ここで問題となっているのは神（というのもこの第一原理は広く一般に「神」と呼ばれているものだから、とアリストテレスは注記する）なのだが、この神は理性によって、あるいは哲学によって要求されるものであり、「哲学者の神」ではあっても祈りを捧げるような神なのではない、ということだ。アリストテレスの神が要請されるのは天体の規則的な運動を説明するためにほかならず、規則的運動と同じ数だけ、すなわち五五の神々が存することになるのである。

アリストテレスは第一動因の現実態について問うているが、これは純粋な作用であるはずだ。というのも、可能態ないしは受動性のすべての次元がこれとは無縁だからである。もしその現実態ができるかぎり上質なものでなければならないとすれば、思惟の現実態しか問題とはなりえないだろう。ところで、この現実態はいったい何を思惟するのだろうか？　間違いなく、さらに高貴なものである。第一動因はそれゆえ、自己自身を思惟するしかありえないことになる。ここから結論しうることは、神が私たちの世界については何も知らないということである。私たちを気にかけることは神にとっては堕落にほかならないだろう（ここではエピクロス派の人びとがアリストテレスにしたがうだろう）。こうして、アリストテレスは宗教哲学にとって決定的となる遺産を後代に伝えることとなるのである。

（一）まず彼は、私たちの世界と比べて第一動因がラディカルな仕方で超越していると断言する。プラトンでは〈善〉のイデアが超越的だったのだが、それは私たちの世界のなかで再発見されるものだった（タレースなら「神々の満ち溢れ」と言うだろう）。また、神々は私たちの世界に配慮してもいた。この配慮はアリストテレスにとっては神的なものにふさわしくないものとして現われてくる。それゆえ、ガダマーが述べたことは間違いではない。彼によれば、アリストテレスは、その師プラトンにおいて私たちの世界からイデアが分離していることをたえず批判したのだが、アリストテレスが第一動因の至高の超越性を措定するとき、おそらく彼こそが分離を考えたほんとうの思想家なのである（グロンダン、二〇〇四年、一一三頁）。まさにここに宗教哲学にとって重要な問いが存する。つまり、神的なものは私たちの世界に内在するのか、あるいは厳密に超越的なのか、という問いである。アリストテレスにとって、それはまったく厳密な意味で、超越的でしかありえないものなのである。

（二）もうひとつの主要な遺産は、この第一動因を、自己自身を思惟する純粋な精神と考えることにある。これによってアリストテレスは、H・クレーマーが精神の形而上学と名づけたものに根拠を与えているわけである。たしかに、ギリシア神話がすでに知恵と知性をオリュンポスの神々に結びつけていた。ところが、神的なものをさらに反省的な仕方で思惟の思惟《ノエシス・ノエセオース》と見る発想は、多くの諸帰結をもつものである。それは神的なものが純粋な霊的実在だということを強調するだけでなく、そのこの上ない現実態が思惟のそれであり、それゆえ理性のそれであるということをも示している。したがって、神は萌芽においては最高理性と見なされる。アリストテレスにおいては、このことはマイモニデスやライプニッツの場合のように、世界が神の思惟に「由来する」と言いたいのではまだない。というのも、神は私たちの世界を知らないのだから。けれども、このことから神のうちに、そして神の思惟のうちに、究極の合理性の原理が措定されていることがわかる。そこからもっとあとになって、しかしエピクロス派の人びとにおいてはすでに、弁神論という哲学問題が湧き出てくることとなる。つまり、もし神が最高理性を具現しているのならば、なぜ神は悪を許したのか、という問題である。ある意味で、無神論はこの挑戦に対するひとつに回答であると言えなくはない。つまり、悪を許容する世界は最高理性と見なされる神とは相容れない、ゆえに神は存在しない、というわけである。ここには神的なものの完全な合理性が前提とされているのがわかるだろう。

IX　アリストテレスの非神話化

アリストテレスはまた、神的なものの合理的な概念が神話的伝統の真理の基盤となっていたのだと主張したとき、宗教哲学に一時代を画することとなった。こうして彼は、この遺産の「非神話化」を、まだこの語ができるよりも前に実践したのだ。すなわち、神話のうち、合理的な核となる部分と、大衆向けの、お伽話に属する部分とを区別する神話の批判的読解である。この非神話化が見受けられるのはラムダ巻の一節においてだけなのだが、宗教哲学が非神話化の努力を、すなわち神話のなかにあるものの合理的な理解を果たすべきだということが正しいならば、この一節は貴重なのである。

「遥か遠い昔の古代から伝えられ、神話のかたちとなってあとに続く諸々の世代に残されたある言い伝えから、私たちは次のことを学ぶことができる。すなわち、第一の実体は神々であり、神的なものが自然全体を包み込んでいる、ということを。この言い伝えの残りのすべては、「大衆」を説得するために、また法則と共通の利益のために（……）、後に神話のかたちで付け足されたものだった。物語からその最初の基礎部分を分離し、それのみを、つまり第一の実体はすべて神々であるという信念だけを考慮するならば、ここにはほんとうに神的な主張があると考えうるだろう（……）。したがって、こうしたことが、私たちが父やさらに古い祖先の伝統を受け入れる場合の条件なのである」（『形而上学』一〇七四*b*一～一四、トリコ訳）。

この条件はある意味であらゆる宗教哲学の条件だろう。宗教哲学は記憶にないほど遠い太古の遺産《インメモリアル》に向き合っているのであって、そこでは理性が認めうることと神話にしか属さないことを考慮に入れなければならないのである。ところで、ここで注記すべきは、神話のなかの合理的なものの基準がそこから生じているということだ。この基準こそが、神的なものが超越的であり、私たちの世界にとって原理の役目を果たしているということを私たちに教えた当のものなのである。

X　ヘレニズム時代における宗教哲学の発展

アリストテレス以後の諸派（懐疑主義、エピクロス派、ストア派）が、プラトンとアリストテレスの大いなる宗教哲学の陰に隠れてしまっている。彼らの著作は欠落のある仕方でしか伝えられなかった。だが、それでもやはり、彼らの著作が宗教哲学にとってまさに理想郷をつくりあげているということにかかわりはない。というのも、そこでは、プラトンとアリストテレスでは問いとしては非常に周辺的なままであった宗教の哲学的な問いが公然と議論の俎上に載せられたからである。これらの議論はラテンの書き手たちによって再びとりあげられ、続いて中世、そして近代へと伝えられた。プラトンとアリストテレスは大きな形而上学的諸概念を作りあげたけれども、宗教哲学の揺籃の地を見つけることができるのは、まさにこれら諸派においてなのである。

ヘレニズム期の諸派は古典哲学から自分たちを分け隔てる距離を自覚しているが、神話的伝統をも意識している。この伝統はプラトンとアリストテレスがかつて批判していたものである。その道徳的意味を保守するために、ストア派はその寓意的な解釈を提案しようとする。クレアンテスの「ゼウスの賛歌」

という、残されたストア派の珍しい断片のひとつが私たちに教えているように、こうしてゼウスの表象は、自然を統治するしたがうべき理性を人格化したものと捉えられることになるのだ。こうした寓意的解釈を方法とすることで、哲学はそれに先立つ神話的遺産の合理的で体系立った再解釈を成し遂げるのである。

しかしながら、さらになお根本的なことを言えば、哲学と宗教はこの時代のあいだに身分が少し変わってくる。実際、この時期には、個人の人格的な救いが主要な事柄となってくるのだ。ヘレニズム期のすべての学派において、哲学は、プラトンやアリストテレスのように世界の諸原理を究明することよりもむしろ、個人の魂の平安（アタラクシア）を確保しようと努めだす。哲学は何よりも幸福の探求と見なされるようになるからである。諸派のそれぞれが独自の方途と独自の精神的な「実践」を提案することだろう。それらの実践は、変えることのできない物事から私たちを引き離し、もっと本質的な現実に注意を向けることを目的としている。哲学のこうした変貌は宗教それ自身にも影響を与え、宗教は幸福へと続く道としての様相を呈する傾向をますます強めることとなるだろう。動物の供犠になお大きな重要性を認めていた儀式的で公民的な宗教から、個人や信仰の参与によりいっそう軸足を移した宗教へとヘレニズム期に移り変わったことを、宗教の歴史がよく示したのである。

宗教のこうした内面化は少なくとも二つの理由からきわめて重要なことだ。

（一）本質的な意味で、ここで初めて宗教と哲学がひとつになったのだ、と言うことができる。両者は幸福ないしは救いのひとつのかたちへと行き着くはずである。だから、教会教父たちが福音のメッセージのなかに哲学であるところの知恵の探求の答えを見つけることになるとしても偶然なことではない。この答えが人間のあらゆる期待を充たすものであるがゆえに、知恵に通じていると言い張る他の道は異端なものとして、とかく有罪宣告を下されることとなるだろう。宗教と哲学は後に袂を分かち、さらには対立しなければならなくなるが、哲学者が私たちに知恵の教えを与えたり、生の意味についての問いに哲学者が答えたりすることを思えば、ヘレニズム期に両者が共生したことの名残は今でも残っているわけである。

（二）知恵へと通じるはずの精神的実践のこうした伝統は、ピエール・アドやミシェル・フーコーが多く語ったように、内面性の発見ではないにしても掘り下げへと導くのであり、この掘り下げは一連の西洋思想とその宗教哲学にとって決定的なものとなるだろう。宗教はしだいに信念ないしは信仰の事柄、すなわち神的なものへの個人的な関係となってくることだろう。以前のあらゆる宗教にとって本質的であった儀式的性格は、より二次的なものとなるか、魂のそれ自身に対する仕事へと変わってくる。たしかに、ヘレニズム期の諸派は（ストア派にとっては摂理だが、エピクロス派にとっては私たちにかかわることのない）神的なものや（前者にとっては徳だが、後者にとっては快楽であるような）幸福の概念をめぐって互いに対立しあうのだが、哲学と宗教を彼らが融合したことや彼らが内面性を発見したことは思想史を画する出来事となるだろう。

第五章　ラテン世界

I　宗教、ラテン語の単語

宗教とは何かというこのうえなく月並みな問いへの最良の答えは、ラテン語の単語にかかわることだと述べることである。この語は複数の貴重な意味を含み持っており、さらにもっと重要なことには、一流のラテンの書き手たち（キケロ、ラクタンティウス、アウグスティヌス、トマスなど）がこの語の意味と語源について検討したのである。

（一）まず、この語は責務、とくに良心の責務を、すなわち義理や慎みを指し示している。いくつかの点で誤ってはいるが、それでも有名なある研究のなかで、バンヴェニストは良心の咎めを表わす *religio mihi est* という日常表現に注意を喚起した。つまり、あれやこれやのことをしないのが私にとってひとつの義理（ひとつの「宗教」）であって、何かが私を妨げてそうさせない、というわけである。[1] アウグスティヌスが『神の国』（第一〇巻、第一章）のなかで、最上のラテン語（それは彼の同時代人が忘れてしまっていたラテン語なのだが……）において、宗教（religio）という語は神の祭祀のために確保されたものなのではなく、「人びとを結びつけるものに捧げられる敬意」を指し示しており、したがってひとは自分の両親や友人たちに向かって「宗教」のあるところを示すことができるのだと述べるとき、彼はこの根本的な意味を思い出すことになる。宗教はここでは義理や誠実という意味を表わしているのである。

（1）参考文献【4】。

ところが、宗教という語は、この責務を基礎づける、ないしは動機づけるものを示してもいる。すなわち、（二）信念である。宗教はここでは私たちが神のことをわかるという意味での、人間を神に結びつける絆、すなわち宗教的感情や敬虔を指し示している。ローマ人たちは、複数の祭祀が実践される多民族の帝国のなかで生活していたので、信仰と祭祀が多様であることを心得ていた。おそらくそこから宗教的なものに関する彼らの距離感が生じ、それによって宗教という概念をつくり上げることができたのであろう。彼らは信仰の複数の形態がまったくの迷信にすぎないだろうと思っていた。そういうわけで、宗教という語は、この第二の意味の重要なヴァリアントとしては、ラテン語においてしばしば単なる迷信を指し示すことになる。ある誰か、ある民族について、特定の「宗教」（religione aliqua）にしたがって行動したと言う場合、たいていは彼らが何らかの迷信的な信仰（ガリア人の信仰、ケルト人の信仰、など）に屈していたと言いたいわけである。だから、アウグスティヌスのような書き手が若かりし日の著作のタイトルのなかで「真の宗教について」語るとしても何ら偶然なことではない。この表現は、誤った宗教もあるということを想定しているわけである。

II　キケロによる宗教——注意深く読み返すこと

ラテンの書き手たちは宗教（*religio*）という語のいくつかの有名な語源を提案した。それらの学問的な根拠は疑わしいかもしれないが、それらの意味はラテンの哲学者たちが宗教について作り出すことのできた観念を理解するためには重要である。

キケロ（紀元前一〇六〜四三年）は、『神々の本性について』（第二巻第七一〜七二章）のなかで *relegere* という動詞からこの語を派生させているのだが、この動詞は「読み返す」を意味している（バンヴェニスト以来しきりに言われるようになったけれども「集める」を意味しているのではない）。ラテン語ではしばしば宗教は迷信に結びつけられ、キケロの用いていたラテン語でもそうだったのだが、それでも彼は宗教を迷信（*superstitio*）から区別する。ところで、この区別は本当になされうるものなのである。

キケロは迷信の意味を、おそらく単なる思いつきの語源を提示することで説明している。つまり、「自分たちの子供が自分たちよりも長く生きながらえるように（*superstites essent*）、一日じゅう祈りや供犠をしているような人びとのことをひとは迷信的（*superstitiosi*）と呼んだ」、と。*superstis* とは、「……の上に立つ」という意味の動詞*superstare*から来ており、生き残っている証人、生存者を意味する。それゆえ、迷信的なひととは、自分たちの子供が「生き残る」ようにという希望のためには、あらゆる祈りを唱え、あらゆる供犠を行なう用意のあるひとなのである。

こうした迷信的な人びとから宗教と「宗教的（*religiosi*）」と呼びうる人びとを区別する有名な次のテクストがそのあとに続く。「ところが、神々の祭祀と関係のあるすべてのことを入念に（*diligenter*）吟味し（*retractare*）、いわばそうしたことを読み返す（*tamquam relegerent*）人びと、こうした人びとは宗教的と呼ばれたのである」。

迷信も宗教も、どちらの場合でも、神々の祭祀とかかわっている。けれども、決定的な大きな違いは、神々の祭祀にかかわるすべてのことを入念に吟味し、そうしたことをいわば「読み返す」という苦労をみずからに与える人びとが宗教的と呼ばれるということである。これらの言葉はすべて貴重である。

Retractare。これはもう一度触るという意味で、そこから再び心に浮かぶ、再検討する、再び扱う、などの意味が出てくる。

Diligenter（入念に）。重要な副詞である。というのも、キケロによれば宗教を迷信から区別するのはまさにこの注意だからである。実際、宗教的な人びとは慎重にこれらの問いに取り組むのであって、これは迷信的な人びとが為しえないことなのである。

Relegere（読み返す）。この語は示唆的な「いわば（*tamquam*）」のあとに来る。実際、宗教的な人びととは、

これらの問いを入念に検討し、いわばそれらを「読み返す」人びとなのである。読み返すとは、二重に念入りに検討することだ。雄弁家キケロが、ちょうど迷信的（*superstitio*）を「生き残る者（*superstis*）」から派生させて言葉遊びを試みていたのと同じく、ここでもいわばで予告される言葉遊びを試みているように思われる。そのすぐあとに続くテクストが宗教と注意深く読み返す（*relegere*）という動詞とのあいだのこのつながりの意味を説明している。

「……したがって、選ぶという動詞から洗練された人びとが（*elegantes ex elegendo*）、気を配る（*diligere*）という動詞から熱心な人びとが、知解する（*intellegere*）から知的な人びとが出てくるのとまったく同様に、彼らは読み返すという動詞から出てくるので宗教的と呼ばれるのである」

legere から派生した別の語との比較は、明快なだけにますますこれらすべての語について、それらに相当するフランス語の表現が見つかる。つまり、宗教（religion）は（熱心に）読み返す（relire）ということから来るし、洗練されたひと（élégant）は選出する（élire、入念に選ぶ）ということから、知的なひと（intelligent）は知解する（intelliger、注意して把握する）ことから来る。読解や「選択」といったこれらすべての活動は共通する性質をもっている。

「実際、これらすべての語に、読む（あるいは選ぶ）という同じ能力が見つかる」。だから宗教はその注意深く読むという能力、それゆえ（祭祀のうちで単なる迷信に属するものと熱心な反省に属するものとを）選ぶという能力によって、（迷信から）区別されるのだ。したがってキケロはこう結論づける。「迷信的という語と宗教的という語は、一方が軽蔑的なものに、他方が称賛されるものになったわけである」。

迷信から宗教を区別する宗教の大きな長所は、それが入念に検討することであり、それゆえ、この表現を用いてもよいならば（そしてキケロはいわばをあとにつけていることからもわかるように、みずからの説明のいささか強引な性格を意識する素振りを見せているのだが）、神々の祭祀と関係のあるすべてのことを「読み返す」ことなのである。迷信がひとつの悪徳だとすれば、宗教はひとつの称賛のことばである。というのも、それはひとつの読解から生じ、したがって、反省的で注意深い選択から生じるからだ。このように、宗教は神々の祭祀との反省的で慎重で、よく考えぬかれた関係によって特徴づけられるのである。

ここで三つの事柄が強調されるべきだろう。

（一）バンヴェニスト以来、何度も繰り返されている根強い偏見とはうらはらに、キケロはここで宗教（*religio*）が内省や不安から来るとは言っていない（この文脈でキケロが触れてもいない *religio mihi est* という表現に重きを置きすぎて、この語をこうした意味に解釈しているのはバンヴェニストそのひとなのだ)。*religio* はラテン語で良心の咎めを表現することもあるが、『神々の本性について』のテクストではこの語の別の解釈が提示されている。それにしたがえば、ごくまれに良心の咎めを根拠づけることもありうるけれども、実際には宗教は神々にかかわる事柄を注意深く、また慎重に「読み返す」ことから生まれるのであって、それはちょうど「選ぶ」や「用心する」、「愛する」、「理解する」において生じる解釈と同様なのである。

(二) もうひとつの強固な偏見は、このテクストのなかに宗教の(内省としての……)定義を見ようとするものである。ところが、これはまるっきり実情に即していない。実際、キケロは、迷信が偶像崇拝的である一方、アウグスティヌスのあとでキケロのテクストをよく把握することとなるトマス・アクィナス(『神学大全』第二部第二巻第八一問)が述べるように、宗教のほうは注意深い読み返しと繰り返される読解(*a frequenti lectione*)の事実であるからこそ、より尊敬に値するのだと述べることによって、宗教を迷信からむしろ区別しようとしているのである。

(三) したがって、これはキケロが定義する宗教の厳密に哲学的な概念なのである。実際、彼は、伝えられた祭祀の純粋に迷信的な再演を信用せず、神にかかわる問いの考えぬかれた読解に属する宗教に有利になるような弁護をしている。これは哲学が充分に理解された宗教に内在的な仕方で属しているのだと述べるひとつの方法である。哲学なき「宗教」は迷信的か妄信的なままなのである。

キケロにおける宗教の定義を引き合いに出したい場合、引用すべきは『発想論』(第二巻第一六一章)のそれである。この定義は『神学大全』のなかでトマスも引き合いに出すもので、それによると宗教とは「神的と呼びうる何らかの高次の自然に配慮し、その自然のために祭祀を執り行なうという事実」なのだ。しかし、この配慮と祭祀は、宗教の場合には、注意深い読解に基づくのである。

『神々の本性について』というキケロの論考が教えるように、この注意深い読解は、自然が私たちに与える神のしるしに対して私たちが為す読解でもある。この著作は、彼の哲学の発想や実践に対応する仕方で議論を進めながら諸観念を突き合わせていけるように、神々の本性についてのエピクロス派の話者(ウェッレイウス)、ストア派の話者(バルブス)、懐疑主義者(コッタ)のそれぞれの考え方をかわるがわる紹介していくひとつの対話篇となっている。そこで議論される問いは、その存在が一般に認められている神々は人間の問題にはたしてかかわるのかどうかと問うものである。ストア派のバルブスは、それが明白であることを示すために、自然の驚くべき合目的性を拠り所とする。それに対して、エピクロス派のウェッレイウスは、神々がまさに幸福であると見なされ、したがってそのような配慮を免れるはずであり、世界はただひとつの自然によってつくられたのだと考える。キケロはみずからの対話篇の最後のくだりになってやっと、バルブスの説明こそが真実らしさに最も近いのではないかと打ち明ける。これは、神的なものについては、真実らしさ以上のことはほとんど期待できないということである。バルブスの、そしてキケロのストア主義によれば(キケロはより懐疑主義に近いと普通は言われているのだけれども）、神々の存在にふさわしい四つの原因が挙げられる。
（一）第一の原因は未来を予見することから来る。占いである。世界にはたくさんの神のしるしが見つかるが、たしかに人間はときどきそれをまずく解釈する。だから、占いがはずれることの責任を負わせられるべきは神々ではなく人間のほうなのである。
（二）次に、私たちの富を供給する神々の数えきれない恩恵をどうして無視することができるだろうか。神々は「私たちの穏やかな天候、大地の豊かさ、その他の豊富な賜物」の原因なのである（第二巻、第四章第一二節）〔ラテン語原文では第五章第一三節にこのくだりが見つかる〕。バルブスが言うには、魚の肉があまりにも美味しいので、神はエピクロス主義者だと言ってもいいほどなのである……。
（三）自然の脅威、すなわち雷、嵐、地震、隕石にも別の証拠が見つかる。これらは、高次のちからのなせる業でしかありえない。
（四）しかしながら、最後の、そして最も重要な原因は、運動の規則性と天空の一定不変の回転、太陽や月、その他すべての天体の秩序の特異性、統一性、美しさである。こういったものの眺めはそれだけでそれらが偶然によるものではないことを充分に示している」（第二巻、第五章第一五節）。これらすべての現象は人間の為せる業ではないのだから、高次のちからについて証しするものなのだ。バルブスによれば、これを否定したがっているひとは心がそれほど健康ではないのかもしれない。「私たちが空に視線を上げ、諸々の天体を眺めるとき、それらを統べる高次の知性を備えた神的なちからが存在することほど明らかなことが他にありうるだろうか？（……）もしそれを疑うなら、なぜ同じように太陽の存在を疑うといったことがないのか、私は本当に理解できない。実際、何をもって、この後者の明らかさが前者のそれよりも大きいというのだろうか？」（第二巻、第二章第四節）。

神の摂理にかかわる中心的な問いについて、ストア派の人びとの態度がエピクロス派の人びとのものよりも道理にかなっているように見えるとキケロは判断する。エピクロス派の人びとがそう信じているように、もし神々が私たちの世話をしていないのだとしたら、公的な物事の基礎にある「敬虔や宗教的義務の綿密な順守はいったい何になるだろうか」？

Ⅲ　ラクタンティウスの考える宗教的結びつき

ラテン語には宗教（*religio*）という語の別の語源があって、バンヴェニストはこれに抗うのだが、それはおそらくこの語源がキリスト教世界において重きをなすようになったからである。これは三世紀のキリスト教護教家ラクタンティウス（二五〇～三二五年）が彼の『神聖教理』第四巻、第二八節のなかで提唱した語源である。[1]

（1）参考文献【5】、二三三頁。「この敬虔のつながりによってこそ、私たちは神に再び結びつけられる（*religati*）のだ。

まさにこのことから、宗教はその名前を受け取ったのであって、キケロが説明したように*relegere*という語からではないのである」。

キケロとは異なり、ラクタンティウスは宗教（*religio*）を動詞*religare*、すなわち結び直す（*ligare*は結びつける）から派生させる。「宗教という語は敬虔の結びつきから帰結したのだと私たちは述べた。なぜなら、神は敬虔によって人間を自身に結び直し、つなぎとめる（*religaverit*）からである」[1]。

（1）参考文献【5】、二三七頁。

結びつきという観念がここでは決定的であり、二つの意味で効いている。実際、最初の結びつきは神から来る。というのも、神のほうからその被造物に対する協力関係を持ちかけるからである。宗教はしたがって、人間を神につなぐ敬虔の「結び‐直し（re-lien）」となるのである。

しばしば二つの語源が突き合せられるのだが、実際には、中世の書き手たちがいずれ主張することになるように、これらは根本において必ずしも対立しあわない。宗教の結びつき（*religare*）は注意深い読み返し（*relegere*）に非常にうまく根拠づけられるし、読解のほうは神的なものと人間とのあいだの最初の結びつきに基づいているからである。アウグスティヌスはキケロの語源よりもラクタンティウスのそれをより好むと言うだろう。けれども、彼は独特な仕方で「結び‐直し」という観念を強調することになる。というのも、これは人間が原罪を犯すことによって、自分自身の不注意から失った結びつきだからである。それゆえ、この結びつきを取り戻すことが重要なのであり、私たちの魂を神だけに再び結びつけ、あらゆる迷信から離脱することが重要なのである（『神の国』第一〇巻第三章、『真の宗教』第一一一節、『再補録』第一巻第一三章第九節）。

Ⅳ　アウグスティヌスにおけるプラトニズムとキリスト教の総合

アウグスティヌス（三五四～四三〇年）の作品は、すべての宗教哲学にとって避けては通れないものであり、決定的な時代と文明の交差点に位置づけられるものである。キケロからも、プロティノスやポルピュリオスのプラトニズムからも、それにオリゲネスやヒエロニムス、アンブロジウスなどの教父のプラトニズムからも大いに影響を受けたアウグスティヌスは、野蛮人の最初の侵入の、したがってローマ帝国衰退の最初の兆しの証言者となった（『神の国』はローマ帝国による最近のキリスト教化がまったくうまくいっていないことを示すものとなるだろう）。それゆえ彼の著作は、古代と、近代がのちに中世と呼ぶこととなる時代、西洋においてキリスト教が支配することとなる時代とのあいだの移行点に聳え立っているわけである。

彼の最も有名な著作、だが彼や彼の同時代人にとってはおそらくそうではなかった著作が、『告白』（三九九年頃）である。この著作は彼自身の回心にまつわるスリリングな身の上話を一人称で物語るもので、そこからこの著作の近代的特質も生じてくる。アウグスティヌスの回心は複数の段階を経て行なわれる。

(一)すべては哲学への回心から始まる(『告白』第三巻)。この哲学とは、アウグスティヌスと古代後期が理解していたような哲学である。アウグスティヌスは十八歳のときに、哲学的生へのすすめとして好んで読まれていたキケロの『ホルテンシウス』を読んで哲学に出合った。ところで、この種の生への回心は、精神的な永遠の知恵《ソフィア》の探求へ身を捧げるべく、甲斐のない仕事や地上の名声から離れていくことを言わんとしている。知恵への愛である哲学という観念自体がひとつの回心(何らかのものへの完全な変貌)を含んでいる。けれども、「哲学が探し求める」この真の知恵を見出すまでに、あるいは再発見するまでに、アウグスティヌスはいくらかの時間を要した。というのも、彼の母親の宗教がかかわっていたからである。はじめ彼はマニ教徒たちの教会に誘惑され、十年間その一員となっていた。ところが、彼いわく、少なくとも二つのことのせいでこの教会から距離をとるようになる。それは、神のうちに善と悪の原理があったという考え方(どうして悪が、純粋な善であるところの神のうちに源泉をもつことがありえるだろうか?)、そしてマニ教徒が神について抱いているきわめて物質的な発想である。新たな「回心」が必要だったわけである。

(二)「プラトニズム」への回心(第七巻)。アウグスティヌスはこう語っている。キリスト教の教義の道へ身を置くことになったのは「プラトン主義者たちの書物を何冊か」読むことによってである、と。

彼はこのプラトン主義者たちの名前を挙げてはいないけれども、おそらくプロティノスとポルピュリオスであっただろう。彼は、こうした著者たちにおいて四福音書の冒頭の一節とほとんど同じ内容の一節を読んだ（！）と述べているが、そう述べることでキリスト教と彼の時代に支配的だった哲学であるプラトニズムとが根底において一致していることを強調したいわけである。プラトン主義者たちによって彼はキリスト教へと向かったのだが、それは神が純粋に善良であることと、神が物質的なものではなく精神的で永遠なる実在であり、彼の魂が以前からずっと探し求めていた実在であることを彼らから教わったからである。アウグスティヌスはまた、こうした叡知的な実在を発見したいならば「魂は自己自身へと立ち戻る」必要があるという考え方を、これらプラトン主義者たちから引き継ぐ。神的実在の叡知的な直観はそれゆえ、自己の内部を見つめる魂の眼のおかげで可能になるのだ。ただ、プラトン主義者のこの直観は、おそらく彼らをいささか自惚れさせすぎていた。彼らは人間の持つべき謙虚さを忘れていたのであり、キリストはまさに人間の肉体（これをプラトン主義者たちは軽蔑していた）に受肉することで、この謙虚さを私たちに思い出させようとしているのだ。乗り越えるべき別の敷居が残されているわけである。

(三) キリスト教への一時的な回心（第八巻）。この回心はアウグスティヌスにとって貴重な瞬間に生じた。彼は少し前からキリスト教に惹かれてはいたが、彼の色好みの傾向、肉の渇望が、キリスト教へ完全に入信するのを彼から妨げていた。ところが、彼はミラノの庭園で「とって読め」という声を耳にする。そこで彼は、ローマ人への手紙を開き、次の一節に心を奪われることとなる。「主イエス・キリストを着よ。肉欲をみたすことに心を向けるな」。神のしるしが問題であることは確かなので、アウグスティヌスはただちに肉の誘惑を棄て、次の過越祭のときに洗礼を受けることを決意する。したがって、決定的な回心は肉の放棄（これもまたかなりプラトン的なことだ）と禁欲をともなっているのである。ところが、回心するために、すなわち神にすっかり身を捧げるために肉から方向を換えて回る（*devertere*）ことで、アウグスティヌスはカトリック教会の「入信」の儀式、すなわち諸々の罪から彼を純化する洗礼に初めて参加することになる。それゆえ、本質的なものである回心がたとえ内面的なものであるにしても、儀式的要素がここではなお重要であり続けているのである。

こういうわけで、これら「三つ」の回心はたったひとつの回心をかたちづくっている。よく理解された哲学的回心がすでに肉から方向転換であり、それによって唯一の永遠的諸実在、プラトニズムが賞揚する諸実在に没頭することを目指すのだけれども、キリスト教こそがそのような実在の真の啓示を具現化するのである。しかし、ここでは［アウグスティヌスに起こった］たったひとつの回心だけが重要なのではない。アウグスティヌスの回心とともに、西洋ラテン世界のすべてがキリスト教哲学へと回心することになるのだと言えるのである。

ここでは（キリスト教の）宗教が哲学の問いであるところの知恵と幸福の探求の問いに対するひとつの答えとして立ち現われている、ということを見ておくのが肝要であろう。宗教と哲学はそれゆえ両立し、ひとつになるのである。(三八九年のアウグスティヌスの回心のあとほんの少し経ってから書かれた)三九〇年の『真の宗教』の最初のくだりが、このことをはっきりと伝えている。すなわち「(哲学のあらゆる学派が探し求めている)幸福な生の道が真の宗教にほかならない」のである。つまり、真の宗教なくしては善き幸福な生はないと言わざるをえないかもしれない。ところで、アウグスティヌスはここで「真の」宗教について語っているのだ、ということに注意するのも同じく重要なことだろう。というのも、それはたったひとつしかないからである。アウグスティヌスは、キリスト教が普遍的に伝播しているということのうちに、それがまさしく真の宗教であるという証拠を認める(『真の宗教』第三巻第三章)。もしプラトンが生きていて、真の宗教とはと彼に問うたなら、自分の待望する宗教はキリスト教とともにやってきた、と彼なら答えるだろう。だから、その崇高な福音は人間から来ることはありえず、ちょうどキリストにおいて啓示されたように、ただ神の光からしか来ないのだと進んで認めただろう。ただキリスト教だけが、この現世の富を放棄し、変わることのない実在へと回心するという(プラトン的)理想を達成するのだ。回心はここでは、プロティノスのモデルにしたがって、〈一者〉へと回帰するためにさまざまなことから抜け出す魂の帰還として理解されているのである。

この宗教哲学はアウグスティヌスの『キリスト教の教え』(三九七年/四二七年に完結)の核心部に入ってくることとなる。この著作では、ストア派の思想にしたがって、二種の富が区別される。すなわち、他の富を得るために使用する富(*utenda*)と、それ自体として享受する富(*fruenda, frui* に由来する)、したがって自体的な目的となっている富である。あらゆるものは他の富を暗に指向する富だ。ただ〈至高の富〉、〈最高善〉だけは、他のものを指向することがない。それゆえ、この善がそれ自体を目的として「享受」すべき唯一のものなのである。語の最も強い意味での哲学として理解されることで、キリスト教の教義はいかにして真の幸福に至るのかを私たちに教えている。つまり、「創造された諸々の事物が私たちに理解させる神の見えない富を観想する」ためには、私たちはこの世界を享受するのではなく、ただ「用いる」にとどめるべきなのだ。したがって私たちは、物質的で地上的な実在から出発し、永遠の実在を直に把握するべきなのである。そこに至るために、神は私たちにひとつの模範を与えた。それがまさしく〈叡知《サジエス》〉であって、三位一体の第二位格〔神の御子キリスト〕と同一視されるものなのである。叡知は私たちの条件を受け入れつつ私たちに適合したのだが、それはただ私たちがその条件を乗り越えられるよう手助けをするためなのだ。もちろん、この叡知はすでにして内的な眼には提示されていたのであって、アウグスティヌスもこのことを決して否定しないのだけれども、この眼が病んでいる人びとのために、叡知がかたじけなくも肉の眼に顕現してくださったわけだ〔キリストが地上に降誕したということ〕。私たちを治癒せんがために、叡知は私たちに愛の掟を与えた。隣人を愛しなさいと私たちに命じるのだが、とくにまったき心とまったき魂でもって神を愛しなさいと命じるのである。これはすなわち、神は何よりも愛されるべきだということである。神、すなわち叡知的な実在は、幸福への道であり、魂の哲学的探求への答えとなっているのである。

『神の国』（四一三〜四二七年）では、それゆえ「真の哲学は神を愛する哲学だ」（第八巻第一章）、すなわちすべてを創り出した叡知を愛する哲学だと述べられることになるだろう。ところが実情はそれとは逆で、このような仕方で名づけられた哲学は〔哲学という〕この名を誇りにするどんなひとにおいても存在しないので、はたして誰が神を愛する哲学について最もよく語った哲学者であるかを選ばなければならない。「したがって、プラトンにとって、賢者とはこの神を模倣し、知り、愛するひとであり、その生に与することにみずからの幸福を見出すひとのことであるならば、他の哲学者たちを吟味する必要がそもそもあるだろうか？　プラトン主義者以上に私たちに近い者は彼らのうち誰ひとりとしていないのだ」（第八巻第五章）。また、プラトンは、自然学、道徳、論理学という三つの部分への哲学の分割をとり入れた（実際にはプラトン以降になされた分割なのだが）。自然学は存在と自然の原因を研究し、道徳は生の規範を研究し、論理学は真を偽から区別することを可能にする知性の理を研究する。三つの場合において、最良の答えを、そしていずれの場合でも同じ答えをたずさえているのがキリスト教であることはアウグスティヌスにとっては火を見るより明らかなのだ。実際、変わることない神は変化する世界の永遠なる原理であり、生の規範であり、知性の光なのである。

　ここで哲学がその知恵の探求に答える宗教の様相を呈するのは、宗教がそれ自身、ひとつの哲学として理解されているからである。互いに関係しあうことで、宗教と哲学は融合しあうようになってくる。この両者の分離を考えること、あるいは再び考えなおすことが、来るべき時代に挑戦されることとなるだろう。けれども、アウグスティヌスによる両者の総合はつねに魅力的でありつづけるだろう。哲学が自身を宗教から分け隔て、さらには哲学の名において宗教を根本から批判する必要が出てくるようになるとしたら、それは提案されるべき最良の知恵を、それゆえ幸福へ至る最良の道を哲学がもつことになるからである。

第六章　中世世界

I　知の二つの源泉

紋切型の中世観にしたがえば、この時代はカトリック教に服従した「平凡な（médiocre）」時代ということになってしまう（そこから〔中世（médiéval）という〕その名も出てくるわけだが、これはルネサンスと近代から霊感を得た名である）。その結果、中世は、あらゆる形態の自律的な知が抑圧された時代というように特徴づけられてしまったのかもしれない。哲学と宗教はそこでたしかに融合していたかもしれないが、この癒着関係は哲学にとっても、また人間にとっても、等しく災厄だったただろう。したがって、近代が、宗教による監督からの人間の解放と解されることになるだろう。こうした見方は誇張的ではあるけれども、宗教哲学にとっての名誉ともなりうるものだ。というのも、この見方は、ひとつの「宗教哲学」によって定義されたという長所を人類史のうちの千年間〔中世〕全体に対して認めているからである。それは、宗教が人間のあらゆる真の心配事に答えるのだと主張する宗教哲学であった。したがって、近代はそれ自身、宗教からの、そして歴史の闇であるこの時期からの名誉ある解放として姿を現わすことができるわけだ。けれども、この〔宗教哲学という〕学問にとって別の名誉でもあることなのだが、これはけっきょく近代のほうがみずからをひとつの「宗教哲学」によって定義しているということにもなるわけである。ただ、この宗教哲学は批判的なものだった。

いずれにしても、この見方はアウグスティヌスの一定の思想に多くを負っている。というのも、ひとが告発したがっている哲学と宗教の融合とは、たとえアウグスティヌスがプラトン（とプロティノス）を引き合いに出していたとしても、やはりアウグスティヌスに固有のものだからである。宗教哲学のこのアウグスティヌス的パラダイム〔理論的枠組み〕は、実際に中世に対して決して無視できない役割を果たすこととなった。

しかし、このパラダイムが唯一のものだったわけではないし、とくに「中世」の哲学状況のすべてがキリスト教に関するものだったわけでもない。実際はまったく違った。アル・ファーラービー（八七〇〜九五〇年頃）、アヴィケンナ（九八〇〜一〇三七年）、アヴェロエス（一一二六〜九八年）といったイスラームの思想家たちによる驚くべき総合のうちに、このうえなく明白なその証拠が見出される。彼らはアウグスティヌスのようなキリスト教の書き手たちを知ってはいなかった。ユダヤの思想家マイモニデス（一一三五〜一二〇四年）の『迷える人びとのための導き』についても同じことが言える。ところが、これらの書き手たちは皆、イスラームやユダヤ教といった彼らの宗教が、論理学や倫理、形而上学といった基礎的な学科から理解された「哲学」と一致するということを示したいという関心をもっている。この哲学自体、神学的な仕方で考えられているので、ここでは思惟の地平もまた神学的なままなのだけれども、この地平は宗教哲学にとって肥沃である。というのも、これら思想家たちの第一の関心事がつねに、哲学と宗教を可能な仕方で和解させるというものだからである。このことは、認識に二つの源泉があることを想定している。すなわち、啓示と理性である。

イスラーム世界の三人の巨人は貪欲なアリストテレス読者である。当時、アリストテレスの著作は、西欧ラテン・キリスト教世界ではその論理学的な書物だけしか知られていなかったのに対し、アラビア語には完全に翻訳されていた（そこには非常にネオプラトニズム色の濃い『原因の書』のような、こんにちではアリストテレスのものとはもはや認められていないテクストまで含まれていた）。彼らは皆、アリストテレスの合理的な哲学と世界についての彼の自然学的説明の厳密さに目を眩ましていた。また彼らは、合理的な諸学の正当性を擁護したいという関心をもっていた。神が私たちに理性を授けたのは、それを使用するためであって、それを疚しく思うためなのではないからだ。それゆえ彼らの考えでは、哲学的な諸学の研究はイスラームによって単に黙認されるはずであるだけではなく、また奨励もされるのである。アル・ガザーリー（一〇五八～一一一一年）のようなイスラームの書き手の何人かは彼らとの不一致を表明し、哲学における一時の晴れ間に終止符を打ちたいと望むことになる。アル・ガザーリーは『哲学者の矛盾』（一〇九五年、『哲学の崩落（*Destructio philosophorum*）』という表現力に富むタイトルでラテン語に訳されている）についての著作を物した書き手であり、そこで彼はアリストテレスとアル・ファーラービーを攻撃するのだが、とくにアヴィケンナがその標的となる。アル・ガザーリーは哲学的諸学のすべてに敵対しているわけではない。というのも、彼は論理学と数学を不可欠のものと考え、哲学者たちの倫理と自然学を容認する気になっている素振りさえ見せているからだ。ところが、形而上学に対して彼は非常に批判的である。というのも、形而上学は、宗教だけが答えることのできる問いを、しかも矛盾した仕方で扱っていると彼には思えたからである。[1]

（1）参考文献【6】。

II　アヴェロエスとマイモニデスの宗教哲学

『矛盾の矛盾』（一一八〇年、『崩落の崩落』）についての論考のなかで、またM・ジョフロワの翻訳（GF、一九九六年）のおかげでよく知られるようになったイスラーム合理主義の傑作として名高い『決定談話』のなかでも、アヴェロエスは彼に答えている。『決定談話』は、ひとつのファトワー、すなわち「哲学と諸学の研究は啓示された〈法〉によって許されているか、それとも禁じられているか、それともまた勧告としてであれ義務としてであれ定められているか」という問いに対する法的な告示である（『決定談話』、一頁)。アヴェロエスにとって、哲学するという行為は「諸存在の合理的な検証であり、〈職人〉の存在証明となっているものとしてのそれら諸存在について反省するという事実」に他ならないのである。この資格で、哲学者たちの意図は啓示のそれとひとつになる。だから、この両者のあいだに矛盾などありえないのである。ただ、コーランの字義的な意味と論証的分析とのあいだに見せかけの対立関係はありうる。アヴェロエスが大胆に主張するところによれば、「〈啓示〉で述べられていることのすべてを字義通りの意味でとる必要はないと考える点でムスリムのあいだに意見の一致」があって、それだけに、解釈規範がこの矛盾を取り除くことを務めとすることになる。しかし、啓示のなかに、逐語的な仕方で理解すべき意味をもつ叙述と、より寓意的な仕方で理解すべき別の叙述とが含まれているのはなぜだろうか？　それは、人間が自分たちのもつ生得的な傾向によって互いに区別されるからである。字義通りの意味とは矛盾する叙述があるのは、「解釈する余地があることを深淵なる諸学をもつ人間に知らせるためである」。ところが、それゆえにすべてのひとがこの隠された意味を理解できるとはかぎらない。「〈啓示〉には見かけと隠されたものとが含まれ、隠されたものについての学知をもつ人間ではないような人びとがその隠されたものを認識するなどといったことはあるはずがないのだ」。アヴェロエスはこのような解釈の余地のあるタイプの叙述と、それらを理解することのできる人間の階級とを綿密に分析することを提案する。そこから生じるのは、「論証のひと」と自分たちの想像力を満足させる必要のある人びと(大衆)とのあいだに差異があり、かならずしも万人が自然に論証を把握できるとはかぎらない、といったことだ。ところが、啓示されたテクストの唯一偉大なところは、同時にあらゆるタイプの信者に向けられているという点である。啓示がたとえ「より大多数の人びと」に関心を抱いているとしても、「エリートの意図に合図を送ること」（五二頁）を忘れはしなかったのである。

マイモニデスとスピノザが受け継ぐこととなるこの宗教哲学の一つ目の遺産は、啓示には事実上、二つの真理があると示したことだ。すなわち、大衆にとっての真理と、哲学者だけが合理的分析によって見抜くことのできる真理である（その真理は必ずしもすべてのひとが到達できるような代物ではないと主張する）。この考え方は、コーランの字義通りの意味を再評価しようとするイスラーム正統派からの反発を受けることとなるだろう。

もうひとつの大きな遺産はアル・ファーラービーやアヴィケンナ、アヴェロエスをひとまとめにするものだが、それは哲学的な諸学とそれらによる世界の合理的な解釈の正当性を単に認めるだけでなく、自律性もまた認めるということにある。コーランはその解釈と一致するはずだし、その両者のあいだに衝突がある場合には、聖典のほうが理性と一致する方針に沿って解釈されるべきなのだ。ここでの「宗教哲学」の役目は、これはかなり新しいことなのだが（数世紀のあいだ寓意的解釈がそれを準備してはいたのだけれども）、宗教、あるいは聖典が、どういった点で理性の教えと一致しうるのかを示すことなのである。

そういうわけで、アヴェロエスや知の大きな二つのタイプを多少ともはっきりと持ち出す中世の書き手たちにとって、かたや自然理性に基づいた哲学的諸学が、かたやその字義通りの意味が大衆に向けられているような預言のテクストによって啓示される宗教があるのである。これは、哲学のおかげで、より進歩した人びとが神の本質についての最良の観念をみずから作り出すことができるようになるということと意味している。万人が形而上学の才能に恵まれているわけではないので、ここにはたしかにある種のエリート主義があるわけだが、しかし、たったひとつしかありえない真理へと至る二つの道があり、その両者のあいだに共存がありうるとするこうした見方の示す寛容さは、歓迎されても良いのではないだろうか。

ところで、真理へと導く二つの道などありうるのだろうか？　人間理性は神によって直接啓示された知恵との競争を始めることができるのだろうか？　この問いの源泉には理性ないしは学知と宗教とのあいだの「衝突」があって、これは中世ばかりではなく宗教哲学のあらゆる論争の舞台となる問いとなることだろう。このことはカントを考えるだけで充分である。彼は単なる理性の限界内で宗教の哲学を提示しようと努力することになる（一七九三年）。けれども、そうするにあたって彼は、啓蒙精神において歴史上の啓示の重要性を過小評価することとなる。これはもちろん中世のどの書き手にとっても許されないことであった。イスラームの三大思想家やユダヤ教ではマイモニデスが、たとえ自分たちの啓示の真理も正当性も決して問いに付さないとしても、そのひとつの解釈を彼らは提示するのであって、それは哲学の、さらに言えばとりわけギリシアの形而上学の影響を強く受けている。この形而上学は、神を永遠の本質とし、何よりも天球の完全な運動の原因となっている純粋な作用と見なすのである。

マイモニデスはこうした発想を前提としているが、彼は創造についてのユダヤ的な考え方にしたがって、世界が永遠であるというドグマを投げ捨てる。神的なものについての彼の形而上学的発想によって、彼は、神に感性的な特徴や行動を帰しているように思われるトーラー〔ユダヤ教の聖書に属する「モーセ五書」〕のすべてのくだりを、純粋にスピリチュアルな意味で解釈するよう導かれる。たとえば、神は身体的なあらゆるものとは絶対に無縁なので、神が「座している」と述べられる場合には、神が身体をもっていると理解させたいためではなく——これは不敬虔であろう——、神の堅牢さとか永続性を表現するためなのだ。ところが、死すべき者の共通点は存在の概念を身体的存在に結びつけるところにある(『迷える人びとのための導き』六一、一〇〇)。理性が私たちに教えるところによれば、このことは神にとっては誤りであろう。それゆえ、神について感性的な仕方で語るテクストを字義通りの意味でとるのは、非宗教の極みなのだ。ところが、人間の言語がそれ自体つねに身体的であることから困難が生じる。だからそれは、存在の種類が私たちのそれとはまったく異なっているところの神の本質を表現するのには向いていないのである。同様に、神に対して名詞や属詞を与えることはしないようにすべきだ。それらはいつも私たちの身体的言語のしるしをたずさえているのだから。神について語る唯一の方法は、それゆえそれについて否定的に語ることである。つまり、神の真の属性は、神は身体をもたないとか、神には複数なものが何もないとか、その存在のタイプと私たちのそれとのあいだにはどんな類似点もないなどと語る場合に、属性の割り当てが否定によって為されるような属性となる。神に関して否定を増やしていけばいくほど、神の本質に近づいていく。ヤハウェとは唯一の名であり、神がモーセという高次の知性を備えた存在者にみずからを啓示することで神自身がみずからに与えた名だが、この名は「必然的存在」を意味する四文字（YHWH）をとる。これはたしかに、アル・ファーラービーやアヴィケンナといった思想家によってすでに磨き上げられた形而上学的観念だが、マイモニデスは預言による啓示から引いてきた表象でそれを豊かにしたのである。この啓示によって私たちが学ぶのは、神は寛大にして公平で正しいのであって、それは単に天球を知的に整えた点においてだけでなく、その知性から大地にまで「溢出」し、神を認識するよう私たちを手助けする秩序においてもまたそうなのである。溢出（*feidh*、二七五）というネオプラトニズムのモチーフがたえず現われる。神が、ひとつの源泉となって、天球や私たちの世界を誕生させたのは、こうした横溢によってなのである。天使たちを媒介にしてなされる預言者たちへの神の啓示はそれ自体神の知識の溢出として理解されるべきである。こうした啓示はすべて、真の神の完全化ないしは最終目的、すなわち神の知覚および、それによって神が不死性を得ているところの叡知的ないし形而上学的実在の認識を人間が実行できるように導くことをまさに目的としている（六三三）。ここでプラトンがモーセに出会うのである。

マイモニデスの『迷える人びとのための導き』が向けられている迷える人びととは、彼らの宗教や風習において申し分のない宗教的な人びとであり、哲学的な諸学をとことん学び、理性に魅了されている人びとなのだが、〈律法〉の外的な意味に当惑するおそれもある。この字義的な意味のせいで、彼らは動揺と不安のうちに投げ出されることもある。それゆえ、マイモニデスの論考は、これらの曖昧さをできるかぎり取り除き（できるかぎりというのは、神的なものを理解しようとする場合には人間知性には限界があることを彼がつねに意識しているからだが）、宗教的人間がそうした曖昧さのせいで過誤に導かれないようにすることを目的としているのである。

Ⅲ　トマス・アクィナスによる宗教の徳

アル・ファーラービーやアヴィケンナ、アヴェロエスはイスラーム世界ではかなり早くに忘れられ、のちに十九世紀の終わりにイスラーム・ルネサンスのおかげで再発見されることとなった。こう言ってよければ、彼らの直接の後継者はむしろ西洋ラテン世界に見つかる。この世界は一定のアウグスティヌス思想と同じ轍を踏んで、よく知られていない「異教の」合理的な知にそのときまで逆らい続けていたのだが、十八世紀からは、アラブの書き手たちやアリストテレスのテクストの新しい翻訳を読むキリスト教圏の偉大な読み手たち（アルベルトゥス・マグヌス、トマス・アクィナス、ドゥンス・スコトゥス、ウィリアム・オッカム、マイスター・エックハルト）が、この合理的な知を再び評価するようになる。彼らはアラブの書き手たちにならって啓示の真理性を問いに付すことは決してしないが、真理が理性と一致することを示したいという関心をもっている。世界についてのより合理的な彼らの解釈は、アリストテレスや、イスラームの思想家から受け継いだネオプラトニズムから霊感を受けたものであり、近代科学の発展に貢献し、そこから宗教と向き合ったより批判的な哲学的態度の出現に貢献することとなるのである。

ここで中世の書き手たちの宗教哲学が限りなく多様であったと正当に述べることはできない。資料は豊富だが彼らが扱った問いはどれも近かれ遠かれ「宗教」（神、信仰、罪、恩寵、天使、など）に触れるものだからである。ここではアンセルムスの存在論的な論証、すなわち神の五つの存在証明、神の本質と全能についてなされた発想を扱うべきかもしれないが、それ以上にこれらの問いが厳密な意味での形而上学に属するものだという点に注目することもできるだろう（グロンダン、二〇〇四年、一三三～一七一頁参照）。つまり、これらは第一原理についての合理的な説明に属するものであって、神的と呼ばれる高次のちからに捧げられる祭祀と解されるような「宗教」は、そこから区別できるわけだ。

まさにこの意味において、トマスは、大いなる徳が問題となる『神学大全』第二部第二巻（第八一～九一問）というかなりあとの節になってから宗教について語る。つまりトマスは、（第一部で）神と信仰そのものについて語ったあと、かなり経ってから宗教について論じるわけである。だから彼の宗教概念は、たとえばアウグスティヌスのそれにくらべてもより周辺的なものということになるが、信念をともなう祭祀としてとらえられた宗教にはより近いところにあるのである。

宗教がひとつの「徳」であると述べることは、こんにちの読者にとってはけっして自明なことではない。トマスはアリストテレスにしたがい、徳のなかにひとつの習慣を見る。すなわち、「人間を改善し、人間に良い行ないをさせる」配列ないし配置のことである（第一部第二巻第五八問第三項）。トマスにとっては三つの知的な徳（智恵、学知、知性）、四つの道徳（賢明、正義、節制、気力）、そして三つの対神徳（愛徳、信徳、望徳）がある。意外なことに、宗教は対神徳ではなく道徳に属している。というのも正義に付随する徳と見なされるからである。対神徳の対象は私たちの理性を超越するかぎりでの神である。ところが、宗教は、直接的には神を対象とせず、神に向かっての人間の祭祀を対象とするのである。

そもそも、トマスが第一に参照するのはキケロによる定義であり、キケロによれば「宗教とは、神的と名づけられる高次の秩序の本性への配慮と儀式を示すものである」（第二部第二巻第八一問）。そういうわけで、トマスは、彼が宗教の徳について知性に本質的だと見るところの語には三つの語源があると論じている。

(一) 読み返す (*relire*)。トマスはここでキケロによる語源を再びとりあげている。すなわち、宗教的人間とは神への祭祀にかかわることを繰り返し行ない、いわば読み返すひとのことである。宗教が「読み返すこと」から来るのは、心のなかでしばしばそこに立ち戻らなければならないからだ。ここでは宗教は頻繁な読みから生じるのである。

(二) 再び‐選ぶ (*ré-élire*)。これはトマスがアウグスティヌスの『神の国』から借りてきた語源である。神は私たちの怠りのせいで見棄てられていた〈最高善〉なので、私たちはそれを再び‐選ぶ、すなわち選び直さなければならないのである。

(三)結び直す(*relier*)。最後に、宗教は(ここでは名指しされていないけれどもラクタンティウスの語源によれば)「唯一で全能なる神に対する私たちの結びつき」を表現しているのである。

失われた垂直的な結びつきについての繰り返される読解であり反復される選択であるところの宗教は、厳密な意味で神への秩序を表現している。それゆえ、宗教の徳は神への働きかけのすべてを秩序づける徳であり、神のことばを読み直し、神を自由に選び、神にみずからを結びつける〔神に専心する〕よう に私たちを駆り立てる徳なのである。この徳は二種の行ないによって表現される。実際、宗教上の行ないはある場合には内的で主要なものとなるが、またある場合には外的で二次的なものとなる。内的な行ないとは、敬愛および祈りの行ないであり、それに対して外的な行ないとは礼拝や供儀、奉納、十分の一税など、要するに私たちが神に捧げるすべてのものが含まれる。神が私たちの奉納物や祈りを必要としていないのは明らかである。私たちが神への敬意や畏敬の念を示すのは、神自身のためなのではない。というのも、神は栄光に満ちており、被造物はそこに何も付け加えることができないからだ。私たちはむしろ私たち自身のために、すなわち、私たちの精神を神にしたがわせ、神のなかで完全なものにならんがためにそうするのである。というのも「すべての物事はそれに勝るものへの服従のうちでしか完全なものとはならないからである」。ところが、私たちは感性によって導かれる必要がある。そういうわけで、神にかかわる祭祀には物体としての実在物の使用が必要となる。「人間の魂のうちに神と一体になる精神的な作用を目醒めさせることを可能にする」しるしと同じ数だけ、そうした実在物が必要となるのだ（第八一問第七項）。まさにここに〔「宗教の」という〕属格の主語的な意味での「宗教哲学」があるのである。

アリストテレスにおいては、徳は二つの極のあいだのちょうど真ん中を意味していた。トマスにおける宗教の徳にも同じことが言える。この徳は、迷信と非宗教という二つの極端のあいだのちょうど真ん中を体現している。迷信はひとつの極端だ。というのも、それは神にかかわる祭祀をその対象となるはずのないものに対して行なうか、あるいは不当なやり方でそれを行なうからである。非宗教のほうはというと、宗教の欠如を表わしている。それは神に向かっての不敬によって表現されるのだが、神を誘惑しようとしたり試そうとしたりする場合や、誓いを破る場合、敬うことなしに神の名を用いる場合などに、そうした不敬が起こるのである。ただ注意すべきは、無神論はトマスによって検討される非宗教の形態には入らないという点である。無神論は、近代の宗教哲学とともに初めて可能となることだろう。

第七章　近代世界

自明の理だが、教会教父においてもアヴェロエスやマイモニデスにおいても明らかであった宗教と理性のあいだの衝突は、近代の宗教哲学において批判的な役割を果たすことになる。ある人びとにとって近代とは宗教のくびきからの解放以外の何ものでもなく、科学こそが宗教に取って代わるのであって、この意味においてこの衝突は近代の宗教哲学を定義しさえすることだろう。オーギュスト・コントの言う意味で、人類の科学的（かつ近代的な）状態は、その神学的ないしは宗教的な段階からは区別されるべきであろう。宗教はここで、近代がそのたくさんの手本を提供するような徹底的な非神話化の名において、キケロやトマスがなお宗教とは区別していたところの迷信と完全に同じものとして見出されるのである。

近代はいつ始まるのか？　アングロ・サクソンの人びとは近代をベーコンにおける実験科学の出現、あるいはコペルニクスとガリレイの天文学上の発見に結びつけるが、一方で大陸の人びとはそれ以上にデカルトのことを考え、歴史家たちはプロテスタント宗教改革もつねに念頭におき、イタリア・ルネサンスや新世界の発見のことを考える。重要となる日付はよく知られている。一四五〇年のグーテンベルクによる印刷術の発明、一四九二年のアメリカ大陸の発見、一五四六年のコペルニクス『天体の回転について』の出版、一六二〇年のフランシス・ベーコン『ノヴム・オルガヌム』の出版、そして一六三七年のデカルト『方法序説』の出版である。

ベーコンとデカルトがアリストテレスとその形而上学から距離をとるにしても、宗教やその主導的なテーマに関する徹底的な批判について彼らとともに語るのは難しい。このことは、近代の始まりに結びつけられる非常に多くの書き手たちについても当てはまるだろう。このことに納得するには、彼らのベースとなる著作の意図を想起すれば充分である。デカルトは、一六四一年に『神の存在と魂の不死を証明する第一哲学に関する諸省察』をラテン語で出版した。あたかも中世の作品にかかわっているかのような印象を受ける。パスカル(一六二三～六二年)はというと、「キリスト教の優位」を対象とするはずの著作に精を出していたし、他方、マルブランシュ(一六三八～一七一五年)は『真理の探求』のなかで「宗教と道徳の基礎である主要な真理がうち立てられる」はずのひとつの形而上学を提示した。この形而上学的な狙いは、ライプニッツ(理性なくしては何ものも存在せず、神が最高理性である)やスピノザ(神はその本質が存在を含むような自己原因である、というのが彼の『エチカ』の第一公理だ)の合理論の体系において続行されることとなるだろう。たとえこの狙いが理性を刺激するものであったとしても、合理論と呼ばれるこの伝統を神の死に、すなわち宗教のラディカルな批判に結びつけるのは困難なのだ。事情はまったくその逆なのである。

こうした批判の萌芽は、しばしば経験論と同一視されるけれどもその根は中世にあるような、近代の別の伝統のうちにむしろ見出される。実際、ベーコンの実験的方法は、オッカムとビュリダンの思想に現われた名目論《ノミナリスム》の反本質主義に多くを負っている。名目論は、神の全能を非常に強調する伝統、ピエール・ダミアン（一〇〇七～七二年）と彼の『神の全能についての書簡』にまで遡る伝統と結びついている。ところが、神がすべてを為しうるのなら、神にとって融通のきかない本質の秩序によって神が制限されるなどといったことはありえないだろう。それゆえ、名目論にとって、本質とは、原則としては、経験から抽出され精神によって作り出される「名ばかりの〔名目的な〕」諸々の実在物にすぎないのであって、現実に存在するのはただ個物だけなのだ。だから認識が対象を変化させるわけである。実際、認識は二次的で派生的なものである本質にはもはやかかわらず、経験の偶然的で特異な与件にかかわる。そこから引き出される経験的な知は、中世の人びとにとっての本質の知のように普遍的であるとは言いがたいが（これが名目論の弱さなのだが）、少なくとも立証可能ではあって信頼できる予測を可能にはする。まさにこうした経験の知の名において、ベーコンは空疎な精神のイドラを批判することになるのである。

この名目論は、はじめのうちは宗教そのものにはかかわらない。けれども徐々に、ヒュームのような書き手や啓蒙思想家（エルヴェシウス、ディドロ、ヴォルテール）において宗教の批判へと行き着くこととなる。これは宗教が次第に単なる精神の発明物として現われるようになってきたことを意味しており、これについてホッブズ（一五八八〜一六七九年）は『リヴァイアサン』（第一二章）のなかで、宗教は死への怖れと原因を認識したいという人間の欲望とから生まれるのだと述べることとなる。ところが、こうした認識はむしろ科学そのものに属するのではないだろうか。

ひそかではあるが構造的な二つの転換がここで生じている。①宗教はますます内面的で、さらにはプライベートな、信条にのみ属するような事柄としてとられるようになってきている。たしかにこのことはアウグスティヌスにおいてすでに充分明白なことではあったけれども、近代ではこの信条の仮構的な「虚構の」性格がよりいっそう強調されることとなる。②死への怖れと原因をつかもうとする意欲から理解されるので、宗教は「知」のひとつのかたちと見なされているわけだが、それは科学の知に比べると「弱い」知なのであり、したがってたとえ近代黎明期にはまだそれほどではないにしても、その正当性が問題視されることもあるだろう。

ところで、こうしたことが唯一の重要な転換なのではない。長い月日をかけて準備されてきたがついに批判的な曲面をとることになる別の転換がある。それは、近代の宗教哲学が古代の区別を徹底させ、宗教の二つの形態をますます分離させるようになるということである。すなわち、一方には自然宗教があり、大抵の場合、最高の職人の存在が推測されるような自然の秩序に基づいている。そして他方には公に認められた制度上の歴史宗教があり、啓示によって権威づけられるのだが、その政治的特権はとかく疑問視されがちとなることだろう。この区別はスピノザの宗教哲学によって惹き起こされた衝撃に多くを負っているのである。

I　スピノザと聖書批判

アムステルダムに生まれたスピノザ（一六三二〜七七年）はポルトガル人家族の出身のユダヤ人だが、非常に早い時期から、より自由主義的なプロテスタントの宗派と接触をとっており、このせいで彼は一六五七年に彼の属するユダヤ共同体から破門されることとなる。一六七〇年には、「聖書批判」を開始した彼の『神学・政治論』が匿名で出版される。この著作はスキャンダルを巻き起こし、一六七四年には出版禁止を命じられる。その目的は哲学することの自由を擁護することであり、このことは「哲学する自由を認めても敬虔と国家の平和にとって危険であることなどはなく、それどころかこれを毀損すれば国家の平和と敬虔そのものをも毀損しかねない、ということを示すいくらかの論考を含む神学・政治論」という完全な書名が示す通りである。

聖書を引き合いに出す神学者たちならこの哲学する自由を思うがままに為しうるのだと思い込んでいる人びとに対して、この自由を擁護しなければならない。スピノザは、一六六五年十月付けのオルデンブルク宛の書簡（第三〇書簡）のなかで、みずからの意図をこう説明している。「小生は目下、論考をしたためることに専心しておりまして、そこで聖書についての小生の見方を説明しようと思っております。この仕事に携わろうと思うに至った動機には、第一に、神学者たちの偏見があります。小生の目には、これが哲学研究についてまわる最も大きな障害に見えるのです。そこで、そうした偏見を白日の下にさらし、教養をさほど持ちあわせていない人びとの精神からそうした偏見を取り除こうと努力しているのです。第二に、大勢の人びとが小生について抱く見解があります。人びとは小生のことを無神論者だとして責め立てることをやめず、小生はできるかぎり自分の主題に対して為された思い違いをただすことを余儀なくされているのです。第三に、あらゆる手立てを用いて思想と発言の自由を護りたいという小生の望みがあります。この自由は、牧師たちに委ねられた大きすぎる権威と彼らの嫉妬のせいで、今にもこの国から消え失せてしまおうとしているものなのです」。

スピノザの意図は、神の認識に二つのタイプがあること、そしてその両者がまったく異なる本性をもっていることを示すことにある。すなわち、明晰判明な理性的認識と啓示に基づいた認識である。啓示には信仰によってしたがうことができるが、信者がこの哲学的な認識をもっていないことを想定している。アヴェロエスがすでに神的なものの認識のこの二つのタイプを区別していたけれども、啓示の信憑性を問いに付すなどという考えが彼の心に浮かぶことはなかった。スピノザとともにこれが可能となり、やがてありふれたこととなるのである。

啓示に基づいた神の認識はそれゆえ、媒介者すなわち「預言者」に依存している。ところで預言者は、自分の属する時代で理解することのできるようなイメージを用いて、自分が受け取った啓示の翻訳を伝えるのである。したがって、預言者とは、「神によって啓示された事柄を、それについての何らの認識をも持つことができず、したがってただ信仰によってしかそうした事柄を把握できないような他の人びとへと通訳するひと」のことなのである。こういうわけでモーセは、神は火であるとか、神は妬み深いなどと述べるわけだ。もし神の認識を持ちあわせていないならば、モーセが述べることを信じることしかできない。ところが、預言者は、神について語るためにイメージに頼ったとき、非常に異なった事柄を語り聞かせている。「神が座しているのをミカが見たとか、ダニエルが白い衣をまとった老人の姿で神を見たとか、エゼキエルが大きな火として神を見たとかいった記述を（……）聖書のなかで見つけても私たちが驚くことはないだろうし、また精霊が鳩の姿で降りてくるのをキリストの弟子たちが見たとか、使徒たちが燃え上がる炎のかたちで〔精霊を〕見たとか、最後にパウロが回心のときに大きな光を見たなどという記述を見つけても驚くことはない」（『国家論』第一章第四五節）。

しかしながら、感性的で物質的なこうしたイメージを神そのものの表象と取り違えることはありえないだろう。神は非物質的なものである自然光によって思い描かれるからだ。ただ歴史的文脈だけが、預言者たちの用いるこれらのイメージの意味の理解を可能にするのである。こうしてスピノザは、断固として歴史的で批判的な聖書解釈のために戦うのである。

それにもかかわらず彼は、用心してか確信をもってか、聖書が神による啓示の事実だという観念は維持する。神は預言者たちを通してみずからを啓示しようとすすんで決心したのかもしれない。けれども、預言者たちは自分たちの時代の表象にあわせて物語をつくった。ところが、聖書を解釈するなら自然を解釈するように、すなわち、普遍法則をそこから引き出すためにするべきだ。スピノザがそこから引き出す法則は、聖書のすべての意図は人間を敬虔へと導くことだ、というものである。おのずから、預言者たちは敬虔や信仰心へと誘うために彼らが話しかける人びとの偏見を考慮に入れる必要があったことになる。けれども、これらの表象は日付をもつものであり、相対化しやすいものであればあるほど感覚的にもわかりやすいものとなる。これらが神の合理的認識と混同されることはないだろう。この認識はイメージを必要とはしないからである。

スピノザの意図は、自然理性に属する神認識と歴史的なものである聖書のそれとのあいだの厳密な分離をうち立てることにある。これは、お望みならば、神のさらなる栄光のために（*ad maiorem Dei gloriam*）、しかしまたその自由を擁護することが問題となるところの哲学それ自身の栄光のために為される歴史宗教批判なのである。神学的であるとともに政治的でもあるスピノザの結論（ここから書名も来ているわけだが）は、哲学者を神学者の保護下におくことはできない、というものだ。けれども、厳密な意味での哲学の自律性を擁護することで、スピノザは別の神認識、すなわち理性の認識の名のもとで聖書の権威を根底から覆してしまう。人びとを敬虔へと導くためには預言者による表象が彼らの時代には必要だったとたとえスピノザが言い張ろうとも、神について持ちうる悟性による認識から出発して預言者の表象を批判することはできると推察できる。この発想は、聖書の理性的批判の端緒となるものであり、『単なる理性の限界内における宗教』（一七九三年）でのカントの批判を予示するものである。

II　カントの道徳宗教

カントは、啓蒙時代の継承者として、歴史的で個別的な公定宗教を、人間理性から引き出すことのできる普遍宗教から区別する。彼の宗教哲学の独自性のひとつは、この理性的な信仰を自然の秩序から引き出される神という概念に基づけるのではなく、それをすべての人間の心情のうちに書き込まれている道徳律から演繹するところにある。

1　形而上学的認識批判

これは一七八一年の『純粋理性批判』でカントが超感性的認識に対する形而上学のあらゆる自惚れを脱構築したという意味である。よく知られている批判だが、しばしば宗教そのものに対する批判であると誤認されている。たしかにここには誤解があるわけだが、形而上学と宗教の混同は時代をよく表わしてもいる。十九世紀および二十世紀にカントを引き合いに出す実証主義者たちは、形而上学的（あるいは超感性的）認識を検閲することによって、とにもかくにも宗教のすべての形式を批判できると思い込むことだろう。なるほど宗教が「超感性的なもの」に捧げられているという部分だけを見ればそういうことにもなるかもしれない。ところが、カントが無効とするのは形而上学の認識の自惚れなのだ。彼の批判は衝撃的なまでに単純なもので、彼の名声を部分的に納得させるものである。カントによれば、形而上学《メタフイジック》の大きな欠点はまさしくメタ‐自然学《メタ‐フイジック》である点なのだ。それはいかなる経験においても与えられない実在の認識を生み出すのだと言い張る。しかし、この種の知をいかにして有効と認めることができるだろうか？　とりあえずのところ、すべての認識は経験のうえにしか基づけられないのである。ところが、カントにとってこれはすべての形態の形而上学が終焉したということではないし、宗教が終焉したわけでもない。というのも、宗教は道徳律の明証性を引き合いに出すことができるからである。

2　私には何を希望することが許されているか？

ある有名なテクストのなかでカントは、理性の三大問題に触れているのだが、それは哲学の問題でもある。すなわち、私は何を知りうるか？　私は何を為すべきか？　私には何を希望することが許されているか？　この三つである。一七九三年のシュトイドリン宛の書簡のなかで彼が述べるところによれば、第一の問いは形而上学に、第二の問いは道徳に、第三の問いは宗教に属している。ただ、宗教はここでは、これはこれで相当なことなのだが、哲学とは完全に別の分野と考えられているのである。第一の問い、すなわち知の問いの答えは経験とその可能性の条件の唯一の領域へと私たちを送り返す。第二の問いへの答えは私たちの義務、すなわち汝の為すべきことを為せ！　へと私たちを呼び戻す。義務の呼びかけは、したがうと否とにかかわらず、私たちに次のことを教える。すなわち、有力な原動力が問題になっているとはいえ、行為の動機は私たちの即座の満足感の動機なのではない、ということを。これは、私たちが道徳律に応じて行為することもできる（少なくとも原則上は、そしてカントにとってはこの原則だけで充分なのだ）ということであって、この道徳律はいかにして私たちは幸福に値するものとなりうるかを私たちに示すということを唯一の目的としているのだ。幸福に値するようになるのは、道徳の命令形に応じることによってであり、この道徳は普遍法則へと昇格する可能性のある諸原則に応じて行為するよう命じ、私たちの個人的な幸福をまったく考慮に入れない。理性がみずからに与える法則が問題となっているので、カントはちからをこめて道徳行為の自律性を強調する。この道徳行為によって、人間は自然界の他の被造物から区別され、神的な創造者に似たものとなっているのだ（このことは、この自律性によって人間は自然の因果性の他律的な領域から逃れ、道徳秩序の知的ないし理性的な世界にあずかるということを意味している）。ところで、この自律的な道徳行為は私心のないものでなければならない。さもなければ、それは純粋に道徳的なものということにはならなくなってしまう。ところが、これは第三の問いの意味でもあるのだが、幸福に値するようになる仕方で行為しさえすれば、私は幸福にあずかると希望することができるのだろうか、と、カントは問う。カントの見立てによれば、この希望は正当なものであり、宗教哲学を基礎づけるものなのだ。ここで検討されている希望は、私の振る舞いの道徳性と私に与えられうる未来の幸福とのあいだの一致に根拠をもっている。この一致は、カントが〈最高善〉の理想と呼ぶものに相当するが、これについてはすでにキケロとアウグスティヌスがあらゆる人間行為の最終項として語っていた。カントにとって、道徳と幸福とのあいだのこの一致は、原初的な〈最高善〉、すなわち世界の道徳秩序の設計者としての神によってしか確かなものとはなりえない。したがって、私たちの理性によって望まれる〈最高善〉は神の存在と魂の不死による認可を含んでおり、カントはこの両者を、ある場合には信仰箇条として、またある場合には道徳律の必然的帰結として描き出す。こうして、道徳は宗教へと通じるのである。「道徳律は、純粋実践理性の対象でもあり最終目的でもあるところの〈最高善〉の概念によって、宗教へと辿り着く。すなわち、すべての義務を神の命令として認めるようにしむけるのである」[1]。

(1) 参考文献【7】。

それゆえ、純粋に宗教哲学的な教説をつくることが可能だ。これが一七九三年の『単なる理性の限界内における宗教』の正確な意味である。その目的は以下を示すことにある。理性はそれ自身から出発して宗教の教説を開発することができ、この宗教は啓示される宗教の教説から区別されねばならないということ、またカントは啓示宗教の正当性をおおっぴらには疑問視してはいないが、それが歴史的であるがゆえに偶然的なものであるという不都合をもっており、聖書学者のためだけに取っておかれているといったことである。宗教の哲学的な教説のほうはといえば、普遍性への要求を高めることができる。というのもこの教説は各々の心情に書き込まれており、道徳的理性だけに基づいているからである。この理性は原理上それ自身で充足するのだが、宗教はそれに補足と、さらには貴重な支えをもたらす。けれども、カントの個別の諸前提から出発して初めて、これを理解できるようになるだろう。

理性は私たちに、もっぱら道徳律に応じるように行動せよと命じる。人間の自己愛にとっては辛い任務である。いつだって人間はチャンスがあればそこから遠ざかろうとしたくなるものなのだから。こうして人間は自己愛を道徳律のうえにおくのだが、これは道徳律の倒錯に等しいことである。この倒錯は人間の心の「根本悪」とカントが呼ぶものに対応している。それは性癖に根ざしているがゆえに根本的なものなのだが、たとえそうであるとしても〈善〉への原初的な傾向を発達させることで人間は努力してそれに抵抗することができる。カントによれば、こういうわけでひとは次のことを認めることができるのである。すなわち、ひとりの完全性の模範が人類に示されたことで、〈善〉への回心へと向かうちからと勇気が人類に与えられたのだ、と。この模範こそキリストに相当するわけだが、カントにとってこの模範は神に気に入られる人間性、すなわち道徳的な人間性をもつひとのことなのである。だから、カントにとって、キリストはそのまったき純粋さから、道徳的志向の原型なのである。カントはこの模範が特定の歴史宗教によって示されたという事実をまったくと言ってよいほど強調しない。彼の主題はそこにはなく、それ以上に、実現すべき理想がそこにあるという考えを強調したいからである。つまり、人間は、心の腐敗にもかかわらず、神に気に入られることを希望することができる。しかし、そこに辿り着けるのは、人間の道徳的行動によってのみなのである。

こういうわけで、カントは宗教を二つのタイプに区別する。特別なはからいを追求する文化宗教と、良き振る舞い、神に気に入られる唯一の振る舞いにのみ基づいた道徳宗教である。文化的行為はすべて虚しいものだとカントは考える。というのも、それらは「人間の運命を支配する目に見えないちからをその行為にとって有利になるように導く」ことを目指すからである（『宗教』、二七六頁）。けれども、これは単なる錯覚にすぎない。「良き振る舞いを除いて、神に気に入られるために人間が為しうると考えることはすべて、単なる宗教上の錯覚であり、神への誤った祭祀なのである」（二六九頁）。ただ道徳的な行ないによってのみ、私たちは幸福に値するものとなることを希望することができ、神だけがこの行ないをなしですますことができるのである。

3　後世への影響

カントの『単なる理性の限界内における宗教』は、宗教哲学の総体のなかでことさら革命的な作品だというわけではないし、いささか地味な作品でさえあるけれども、カント的契機の後世への影響はこの学問にとっては非常に大きい。①まずカントは形而上学を脱構築することで時代を画した。超感性的認識を批判することだけが狙いであったことはたしかだけれども、宗教と形而上学を同一視することで宗教それ自身を守勢におく結果となった。この守りの姿勢は、科学に直面しても維持されるだろうか？こうしてカントは、彼が望むと望まざるとにかかわらず、実証主義の時代を切り拓くこととなる。そこでは、形而上学ないしは宗教に属するものはすべて、科学の名において、信用できない迷信と見なされてしまう。②たとえカントの倫理の厳格すぎる諸前提が元のままでは繰り返されなかったとしても、道徳理性の自律に対するカントの主張は独自の仕方で成功することとなった。カントは宗教を道徳の帰結ないしは補足であると考えていた。ところが、彼が擁護する道徳は自律という観念に基づいていた。徹底的に考えぬかれた自律の倫理は、宗教なしですますことができるし、またそうでなければならない。宗教なき倫理はこのときから可能となるのである。人間理性だけが道徳的行動に責任があるのだとすれば、人間は自体的な目的を築き上げることができるだろう。そこから出てくる「人間主義」が近代ないしは安全化された社会においてしだいに宗教の代わりを務めるようになってくることだろう。③カントは、唯一の良き振る舞いに基づいた道徳宗教の名において、祭祀と宗教経験そのもの（カントはこれを天啓論の一形態と結びつける）を軽蔑するのだが、この軽蔑は啓蒙主義に固有の傾向のうちに間違いなく含まれていたものである。ところが、この軽蔑があまりにも強情なために、宗教経験そのもののある種の復権へと行き着くことになるだろう。これがシュライアマハーの寄与したことのひとつとなるのである。

Ⅲ　シュライアマハーにおける無限の直観

近代はとかく宗教を知の弱い形態や道徳の付録品へと還元しようとした。このせいで失われたものは、宗教の自律性である。カントが『宗教』を執筆したほんの数年後に、F・シュライアマハー（一七六八～一八三四年）が、ドイツ・ロマン主義とドイツ観念論との交差点で宗教の本質について検討したのだが、それはまさにこの宗教の自律性を救おうとしてのことなのである。『宗教論』（一七九九年）の副題が告げるところによると、彼は「宗教を軽んじる人びとのうち、教養ある人びとに向けて」語りかける。ひとが宗教を軽んじるのは、その本質を誤解し、文化の欠如のせいでその本質をそれではないものと混同してしまっているからなのである。シュライアマハーは、とくに（カントによる）道徳への宗教の還元に用心し、どちらにとっても有害だと断じる。道徳にとって有害なのは、もし支えを要するものとして道徳を提示するなら、その自律性も人間性の道徳的進歩もほとんど信じていないのだと表明することになるからである。他方、宗教にとって有害なのは、それに特有の心の状態を見過ごしてしまうことになるからである。これは、宗教は認識や行為に属しているのではなく、感情や直観に属しているということを意味する。形而上学が宇宙を説明し、道徳が宇宙を完成させることを望むのに対し、宗教は宇宙を「直観する」ことを試みる。この直観にあたるドイツ語の *Anschauung* は、受動性の契機だけでなく、また感嘆の契機をも含んでおり、直観される対象が私たちに働きかけるということを想定している。宇宙の直観に襲われること、これはまさしく、個別的なものはすべて全体ないしは無限に属する有限な部分にすぎないということを発見することなのだ。「この世界で生じる諸事実を、ある神の働きとして提示することは、ひとつの全体の無限性に対するそれら諸事実の関係を表現することであり、宗教に属することなのである」（『宗教論』、三一頁）。宗教はそれ自体、ひとつの全体のうちの部分にすぎない。というのは、宗教的角度から、すなわちより包括的な全体の部分を成すものとして物事を考える複数の異なった、しかしどれも敬虔な仕方があるからである。プロテスタント神学者の側からの驚くべき表明ではあるが、これは宗教を寛容の最も古いかたちに結びつけるものである（いつも生み出されるとはかぎらないが、少なくともそう述べることはできそうな結びつきである）。あるひとつの体系に委ねられないとき、宗教は、言語に絶する何ごとかをもつ感情に基づくがゆえに、あらゆるかたちの無限の直観に開かれている。「宗教の概念から何と麗しい謙虚さが、何と気持ちが良く愛想の良い寛容さが湧き出ていることか、おわかりだろう」。この寛容は、シュライアマハーをして、諸々の個別宗教がもつあらゆるドグマと公に認められている諸側面を相対化させていくのだが、ここには神の概念そのものや啓示そのものも含まれる。「啓示は何と呼ばれるか？　宇宙の原初的で新しい直観はすべてそのひとつであって、各人は自分にとって原初的で新しいものを知るうえで誰よりも良い位置におかれるのだ」（三四頁、六五頁）。宗教において重要なことは、その個別の対象ではなく、感情とそれが湧き出てくるところの直観なのである。一八二一年の『キリスト教信仰論』（第四部）のなかでシュライアマハーは、宗教はまったき依存の感情に基づいていると述べることになる。「敬虔のこのうえなく多様な諸形態に共通し、それらを他の感情から区別するもの、言いかえれば、敬虔ということの変わることなき本質は、次のことに存している。私たちが完全に依存するものとして自分自身のことを意識しているということ、あるいは同じことだが、神との関係で自分自身のことを意識しているということ、これである」。

宗教哲学におけるシュライアマハー的契機の射程を過小評価することはできない。彼の功績は、まず宗教的なものの自律性を再発見したことであり、次に宗教的なものの途轍もない多様性を歓迎したこと、すなわち後に比較宗教史が活用することになる直観を歓迎したことである。たしかに彼はラディカルな主体化と引き換えにそうしたのであり、ヘーゲルやカール・バルトといった思想家たちは宗教を単なる感情の問題に帰してしまいかねないという理由からこうした主体化を告発することになるのだが、そのおかげで、R・オットー（『聖なるもの』、一九一七年）や、直接的にではないがW・ジェームズ（『宗教経験の諸相』、一九〇二年）といった彼の継承者たちは、宗教経験そのものについて語ることが可能となった。すなわち、宗教経験の対象は歴史的文脈にまったく従属したものであり、そのため相対化することのできるものであるのに対し、宗教経験についてはその対象よりも根源的なものと見なして語ることができるようになったのである。

Ⅳ　シェリングとヘーゲルにおける宗教の哲学的体系化

カントから霊感を得て『あらゆる啓示批判』（一七九二年）を世に問うたフィヒテとともに、シェリング（一七七五～一八五四年）とヘーゲル（一七七〇～一八三一年）はドイツ観念論の偉大な体系的思想家である。ここでは、彼らを完全な仕方で正当に評価することができない。というのも、彼らがカント以降、宗教哲学を実質的なこの名のもとで作りあげた最初の思想家たちであったと言っても間違いではないからである。全盛期のヘーゲルはベルリンで「宗教哲学」の壮大な講義をした（彼の死後に出版された）のだが、同じベルリンで、後期シェリングはというと「啓示の哲学」と「神話の哲学」についての授業をした。とはいえ、そのテーマは彼らの思想のすべてを横断するものである。彼らの友人であるヘルダーリンとともに、二人は一七九〇年にチュービンゲンのセミナーで行なわれた講義に出席し、そこで神学を学んだのだが、当時真っ盛りだった二つの革命によってチュービンゲンは燃え上がっていた。カント革命とフランス革命である。彼らは当時「体系の断片」を執筆した。そのなかで彼らは自分たちの願いを「感性的宗教」あるいは「理性の神話」と呼んでいた。これは、カントの理性や道徳、宗教が彼らの目には抽象的すぎるものと映っていたことを意味している。実際、それらは当時沸き立っていたひとつの民族全体や歴史それ自身のもつ文化のなかで具体化される必要があったのである。彼らの理想は人類の普遍宗教のそれではあるが、この理想は現実世界のなかで達成される。それゆえ、全体化を目指す彼らの体系は、現実のなかで具体化する精神や精神に貫かれた現実性を思惟しようと試みる。彼らに対して宗教が強い魅力を発揮したこと、さらには宗教が彼らの思弁的総合の起源にあったことが理解できるだろう。実際、彼らの意図は〈絶対者〉（それ以下の何ものでもなく）を思惟すること、そしてそれが実効性のあるものだと示すことなのである。〈受肉〉というモデルがここでは鍵の役目を果たしている。というのも、神がみずから自然と歴史のなかに受肉することを選んだということをそれが教えているからである。したがって、歴史は絶対者の啓示と考えられるのだが（ヘーゲルは「理性の弁神論」とも言うだろう）、それは属格の二重の意味でそうなのだ。つまり、歴史こそが私たちに絶対者を啓示するのだが、また歴史のなかでこそ絶対者が自己自身に啓示されるわけである。あらゆる現実に深い影響を与え、限定することによってこそ、精神はみずからの絶対性を証明する。現実のもつこうしたスピリチュアリティを賞賛する宗教は、「人生の日曜日」として称えられるだろう。

ヘーゲルもまた宗教について同じくらい崇高な観念をもっているのだが、それは彼が、非常に含蓄の多い用語群を用いて、宗教はまたもや属格のもつ二重の意味において絶対精神の自己意識であると考えるからである。宗教によってこそ、人間はみずからを活気づける精神の意識をもつことで無限へとみずからを高め、みずからの特殊性に暇をやることができるのだが、他方で、一定の諸宗教を介してこそ、〈精神〉それ自身は自己意識となる。こうして、諸宗教は自己自身の意識となる〈精神〉の諸段階ないしは諸々の立ち寄り場所と見なされるのである。それゆえ、ヘーゲルにとって諸宗教は偶然的な仕方では誕生しなかったわけだ。それらは「精神それ自身の本性によって限定づけられるのであり、精神こそが自己自身の意識へと至るために世界のなかに通り道を切り拓いたのである」（ヘーゲル、五五頁）。これは必然的な通り道である。というのも、この歴史こそが宗教という概念を生み出したからであり（したがって精神を自己自身へと導いたからであり）、キリスト教が精神に対して宗教の絶頂と啓示を具現するからである。

このような仕方で宗教が哲学者の「絶対知」を準備するのだとすれば、哲学は宗教より優っているとヘーゲルは断じる。というのも、宗教は感性的表象の虜となったままであり、おそらく人間にとっては不可欠だが、絶対者の観念を思惟するうえでは、概念という要素のなかでしかこの思惟が充分に展開されることはないがゆえに最終的には不適切なものだからである。シェリングはというと、その後期哲学において、「否定的な」目をもち続けるこうした概念哲学を批判することだろう。というのも、そこでは哲学が、概念という要素から脱し、絶対者を積極的な仕方で思惟する、すなわち絶対者が自己自身を措定するような仕方で思惟するまでには至らないかもしれないからだ。そういうわけで、否定哲学、あるいは純粋に概念的な哲学は、啓示や神話のなかで絶対者がみずからを与えるといったような絶対者の自己自身による顕現に開かれた思惟と交代しなければならないのである。

V　ヘーゲル後の宗教批判

こうした思弁的総合は、カントによる形而上学の検閲のあとであまりにも大胆すぎたので、即座の反動を呼び起こすこととなった。この反動は、ときには宗教的、ときには反宗教的なものであった。デンマークの思想家セーレン・キェルケゴールによる宗教的な反動は、後期シェリングがヘーゲルに向けた批判を繰り返す。すなわち、概念や抽象的全体性といった要素にとどまっているという批判である。だが、彼の反動はそこに新たな射程を与えることになる。このような体系は、実存が根を下ろす宗教的決断を捨象してしまいしかねない、と。全体性と概念、そしてまた哲学にヘーゲルが与えた優位に対して、キェルケゴールは個人の実存、その苦悩、個人にのしかかる決断の優位を対置する。実存の問題系のこうした徹底化がその後の経過を知ることとなるのは二十世紀に入ってから、バルト、ローゼンツヴァイク、ヤスパース、ハイデガー、レヴィナスらによってである。これらすべての書き手たちにおいてこの徹底化は宗教哲学の重要な復活へと行き着くことになるだろう。

ただ、ヘーゲル後に最も大きな反響を巻き起こした哲学的反動は、大まかに見れば反宗教的なものだった（とはいえメシア信仰の性格は色濃く残っていたけれども）。この反動は、宗教が人間意識に思い起こさせるような疎外を非難するうえで、優れてヘーゲル的な範疇を利用した。最も有名な反動は宗教を「民衆のアヘン」と見るマルクスのそれである。「民衆のアヘン」とはすなわち、社会の貧困から生まれたイデオロギーのことであり、慰めを目的としてはいるがひとつの投影に依存するような代物である。これはフォイエルバッハが、人間は自分が取り戻すべき人間の諸特性を神的なものに帰属させているのだと述べたときに告発したイデオロギーであり、また神の死（『悦ばしき知識』、一二五頁）を多少の苦しみを込めて宣告するときにニーチェが再び攻撃することとなるイデオロギーである。けれども、注記しておかねばならないが、マルクスが宗教のもつ二面性について語るとき、彼は宗教に積極的な批判的機能もあることを認めていたのだ。「宗教的貧困は、現実の貧困の表現であると同時に現実的貧困に対する抗議でもある」。宗教はそれゆえ、マルクス主義が現実のものへと変えることを約束するような来るべきより良き世界を連想させることで、ユートピア的な可能性を閉ざすものである。「宗教とは、責め苛まれた被造物の悲嘆、心なき世界の魂であり、同様にまたそれは精神を欠いた状況の精神（！）である。それは民衆のアヘンなのだ[1]」。

（1）参考文献【8】。マルクスのよく知られた定式だが、これはカントが先取りしていたものだということがしばしば忘れられている。けれどもその意味は大きく異なっている。カントは、自分が送った生き方のせいで道徳的非難を受け、深く悲しんでいる瀕死のひとに対して、僧侶がもたらすことのできる慰めのことを触れていた。そのときカントは、瀕死の人びとの道徳意識をアヘンでもって和らげたいと望んだ僧侶を非難している（良心のアヘン、『宗教』、一五五頁）。その最期のときでさえ逃れることのできない厳格な試練に立ち帰らせることで、瀕死のひとの道徳意識を磨こうとしなかったからである。

めったに強調されないことだが、このアヘンという観念は十九世紀の文脈では積極的な何ごとかを有していた。当時、アヘンは洒落た麻薬で、ダンディな男たちや裕福な階級のためのものであり、本物の満足を得させるものだった。マルクスは宗教が民衆のアルコールやビールだとは言っていないのだ……。だから、宗教は精神《エスプリ》なき世界のなかで、洗練された、繊細な、「エスプリのきいた《スピリチュエル》」何ものかを具現しているわけなのである。とはいえ、その幸福は偽りのものだ。だからマルクスは、その廃止や変形を要求する。「民衆の偽りの幸福としての宗教を廃止することは、その真の幸福が要求することなのである。その国家に関係のある偽りを放棄することを要求すること、これは偽りを必要とする状況を拒否することを要求することなのである。宗教批判はそれゆえ、涙の谷間〔＝辛い現世〕の批判なのであり、その後光が宗教なのである」。後光について語っているということは、宗教が光と超越の源であると認めているということだが、そういうものである宗教は、それ自身ではない別の星へ向けて方向を定めるように人間を導くかもしれない。マルクスはこう結論づける。「宗教とは偽りの太陽に他ならない。それは人間の周りを動き回るが、自分自身の周りを動き回らない」。これ〔自分自身の周りを動き回ること〕こそ、マルクス主義の新たなる希望なのだ。しかし、ここで小さな問いを立てておくべきだろう。人間はいかにして自分自身の周りを動き回ることができるのか、と。このことが含んでいる誤解に加えて、人間は自分の頭上に太陽か、あるいは方角を定めるための星をはたして必要としてはいないだろうか、と問うことも許されるのではないか。いずれにしても、マルクスは、まさにここに宗教の最も古い機能があることをよく理解していたのである。

フォイエルバッハ、マルクス、ニーチェ、そして忘れてはならないフロイトと宗教を集合的神経症の形態と見なす彼の告発は、大いなる懐疑の師であり、宗教哲学に対するそのインパクトは巨大なものであり続けている。彼らの動機は二つである。（a）疎外の形態としての宗教批判は、何よりもまず啓蒙主義とカントに由来する自律性の理想の名においてなされている（しかしアイロニーに注意しよう。この自律性はカントにとっては神的創造者のものであるように思われたのに対し、彼の継承者たちにとってそれは私たちに創造者なしで済ませるように仕向けるものなのだ）。（b）この宗教批判は実証主義のムードによってもまた強く霊感を与えられている。この実証主義は、コントによって、人類の宗教的状態、形而上学的状態、実証的状態の区別とともに概念化されたものである。彼にとっては科学だけが権威づけられた仕方で、現実について、また宗教そのものについても意見を述べることができるのであって、この場合、宗教は病理の一形態として扱うことができる。したがって、宗教の間近な死を哲学上ひとつの確かなこととして宣告することができるわけだ。宗教が生き延びていることは、社会学的ないし心理学的な仕方でしか説明できない。さらに最近では、認知科学の専門家たちが宗教感情を特殊な遺伝の効果、あるいは私たちの脳によって化学的に生み出された錯覚の効果として見ようとしさえした[1]。

（1）参考文献【9】。

自律性の理想と近代科学から霊感を得たこの哲学的布置は、哲学の中心的な主題としての宗教が姿を隠すといった事態にしばらくのあいだ貢献することだろう。フォイエルバッハ、マルクス、ニーチェ、フロイトによる宗教の脱構築のあと、哲学は宗教のことを多く、あるいは建設的な仕方で、気にかけることを少し止めることとなった。宗教は付き合うにふさわしくないものとなったのだ。実際、実証主義がエピステモロジーないしは科学理論を独占するまでに至ったのである（そこでは宗教は非‐科学ないしは迷信といった否定的な例としてしか姿を現わすことができない）。アングロ・サクソンの世界で支配的となった分析哲学も、同じ精神から、記述の立証可能性のことで頭がいっぱいであり、宗教の言表、あるいは宗教という主題そのものに対する忍耐をほとんどもちあわせていない。倫理（個人的、社会的、政治的）は、たいていの場合、自律性というカント的ライトモチーフにしたがって展開されたが、そこでは宗教は不在か、単なる付録品にすぎなかった。現象学（フッサール、ハイデガー）が与えられるがままの現象への回帰として推奨されるが、宗教はひとつの現象と見なされうるにしても、その対象やその表現は疑わしいものであり、最初の世代の偉大な現象学者たちによって扱われることは比較的ほぼなかった（おそらくハイデガーを除いて。とはいえ彼にしても、宗教については若い頃の講義のなかでしか語らなかった）。それでも実存主義がキェルケゴールのような宗教的思想家によって打ち出されはしたが、神に見棄てられた個人の孤独に注意の的が絞られ、無神論的な時代しかほとんど視野に入れられていない（サルトル、カミュ）。より宗派的だがしばしば素晴らしい、けれどもその輝きが限られていた諸々の宗教哲学がそうであったように、キリスト教的と呼ばれる実存主義（マルセル）は周辺的なものにとどまっていた。解釈学は豊かな神学の伝統から糧を得ていたけれども（シュライアマハーはその忘れてはならない師のひとりである）、それ以上に芸術や人間学の真理経験に対して反省をほどこし（ガダマー）、つづいて最良の事例として「哲学の最前線で」宗教がその対象となった（リクール）。広義の脱構築（デリダ、フーコー、ドゥルーズ）は、それ自身マルクスやフロイトから続く懐疑的な系譜のなかに書き込まれているのだけれども、何よりもまず、形而上学の根絶やしの運動として姿を現わし、少なくとも最近のデリダの仕事に至るまでは、あらゆるかたちの宗教性に対してかなりのアレルギーを示した。最近のデリダの仕事はレヴィナスから影響を受けていたが、レヴィナスはユダヤの宗教を引き合いに出すけれども、彼は西洋哲学の伝統とそれが認識と存在という主題に認めていたような優位性を批判するためにそうするのである。レヴィナスはこの優位に対して、倫理と他者の顔から湧き起こる呼びかけの優位を持ち出してくる。だから、宗教よりも倫理こそがここで復権しているのがわかるが、カントやヘーゲル以来忘れられていた倫理の宗教的なルーツを明らかにしたことは、宗教的なものという主題系をもっと扱いやすくするムードづくりにやがて貢献することとなるだろう。この時以来、宗教は哲学では扱うのがまったくタブーな主題であることをやめたのだ（ジラール、マリオン、ブラーグ、テイラー、ヴァッティモ、ハーバーマス）。ここで、最も重要なインパクトはおそらくマルティン・ハイデガー（一八八九〜一九七六年）から来るものだろう。

VI　ハイデガーと聖なるものの可能性

宗教の問いは、何よりもまず、ハイデガーの著作のなかではかなり控えめなものであるように見える。厳格なカトリック教育を受け、それによってまずは神学とトマスの思想へ赴いたのだけれども、ハイデガーはかなり早い時期に「カトリシズムの体系」から距離をとり、その神は担保や揺るぎない支えとして役立つ形而上学的原理に過ぎないと断じた（これはアウグスティヌスについての最初の講義のなかで彼が冒瀆的と判断していたことだ）。パスカルとともに、ハイデガーはつねにそこに哲学者の神を告発することだろう。この神の前では、ひとはひざまずくことも祈ることもできない。ハイデガーはここではルターやキェルケゴールといった偶像破壊の思想家たちから影響を受けているのだが、彼らは人間の心情の持つ根源的な不安の名において、この哲学的構造を問いに付したのである（アウグスティヌスもこの不安について語っていたが、ハイデガーによれば彼はこれを発見したのに形而上学の秩序に従属させたのだ）。ところが、ハイデガーはまたルドルフ・オットーも読んでいた。オットーは、一九一七年の『聖なるもの』という有名な著作のなかで、「聖なるもの」ないしは（私たちを覆す「まったく他なるもの」の非理性的な経験と見なされる）「ヌミノース的なもの」の予見不可能で閃光を放つ性格について贅沢に語った。ハイデガーは根本的な仕方でこう問う。ところで、聖なるもののこの経験は今もなお可能だろうか、と。

「存在の問い」をその根からとり上げなおす場合にしかこの問いを立てることができない。このことをハイデガーはよくわかっていた。この問いがまた決定的であるのは、私たちがひとつの時代に生き、また聖なるもののあらゆる顕現を思惟不可能か蓋然的なものにしてしまうような存在の知が支配する伝統のなかに生きているからである。この伝統とは、ハイデガーが「形而上学」という語で簡単に要約する伝統である。私たちの知るところでは、プラトン以来、形而上学は存在をその第一原理から説明しようと試みてきた。ところが、この形而上学は支配の意志によって駆り立てられているとハイデガーは断じる。というのも、それが、眼差しによって捉えうるものに存在を還元してしまうような存在の発想に基づいているからだ。実際、存在はこうしてその可視性によって定義され、それゆえ原理上、人間の眼差しに相関したものとなってくる。ハイデガーがここで気づかせたものとは、存在の名目論的な発想である。まさしく私たちはこの発想から出発したのだが、これは直接観察することができるものに対して科学が認める優先性とともに体系をつくっている。この名目論《ノミナリスム》が近代科学のもっぱら目を見張る飛躍を可能にしたわけだが、一方でそれがあらゆる意味の問いをまるまる放棄していることをハイデガーは知らないわけではない。世界がただ機械論の法則のみによって支配された動く塊の総体に尽きるのだとすれば、私たちの存在の意味とは、そしてこの宇宙《コスモス》の意味とはいったい何なのだろうか？　このような構造のなかでは、宗教はそれ自体精神の二次的構造物にすぎず、いくらかの個人が自分たちの起源や苦悩を理由に執着しつづけているような虚構としか見なせなくなるのは自明のことだろう。信仰はもはやここでは主観的な、それゆえ問題をはらんだひとつの態度にすぎない。しかしながら、このことはまた根本的なあらゆる信条にも当てはまることであり、これについては少し前から、二十世紀の経済学から語彙を借りて「価値」という語で語られている。次のことを理解しよう。あれこれの主体にとって、信条には価値がある。すなわち、利益になるものなのだ。ところが、この価値はもはや実体的ないかなるもの、あるいは高次のいかなるものをも指し示さない。これが名目論の帝国が示す諸帰結のひとつなのである。

ニヒリズムの問いの起源がここに見つかるとハイデガーが考えるのは間違っていない。あらゆる価値がもはや、何が存在するかを決定する主体にしか依存しないのだとしたら、どの星が、あるいはどの尺度が、その主体をなお方向づけることができるだろうか？　この尺度はもはや主体の良き意志にしか依存せず、したがってこの主体はみずからの全能を確かめはするが同時にみずからの生来の無力をも確かめることになると思われる。実際、みずからの生に究極の意味を与えるはずのものを決定するにあたって、この主体とはいったい誰なのだろうか？　ハイデガーの偉大さは、名目論から生じるニヒリズムのこのアポリアを認めたことだ。それゆえ、彼の目には、存在の新たな知からしか救いが生じることはないのである。

こういうわけで、『ヒューマニズムについての書簡』のなかで彼は、存在の問いは聖なるものと神的なものの問いよりも先立っていると主張する。(1) 彼にとっては、J・L・マリオンがハイデガーとの途方もない議論のなかでそう考えたように、[2]「偶像崇拝的な」諸条件を神の現われに押し付けることが問題なのではない。そうではなく、名目論《ノミナリスム》のパースペクティヴでは神的なものの問いが「場ちがい（hors lieu）」となることを認めることが問題なのである。ハイデガーにとって、この名目論は存在の忘却に等しい。なぜなら、忘却されていることとは、すなわち現実についての自然主義的な発想は存在の顕現のひとつ、私たちの伝統のなかで独占権を獲得してきたものにすぎないということだからである。存在の別の知だけが、なお私たちを救うことができ、その知にこそ聖なるものや、意味、神的なものについての問いが委ねられることだろう。しかし、こうした発想をハイデガーは自分だけで練り上げていると主張するのではない。自己流の再臨派信者とでも呼ぶべき彼は、ただ思惟がその可能なる到来へ向けて準備することを望んでいるのである。こうして彼の後期哲学は、思惟が名目論の因習からついには解放されるまでの準備に捧げられている。出来事として、あるいは「理由なき」湧出として彼が存在を思惟するときも、また、神々の不在を詩にしたためたヘルダーリンに彼が耳を傾けるときも、彼はこうした途方もない場所を踏査すること、しかし必要であるだけにますます、存在が、したがって神的なものが新たに到来すること以外の関心をもっていないのである。

（1）参考文献【10】。
（2）参考文献【11】。

ハイデガーの診断は鋭いものだが、その分析には限界がある。それは、彼がつねに聖なるものの垂直的な顕現しか待ち望んでおらず、まさにそのために、神的なものを思惟する人間理性のあらゆる能力の信用を失墜させることにつながっているからである。ところが、この能力とは、あらゆる宗教哲学をもたらした当の能力なのだ（そしてまた、神的なものにふさわしくないと判断する発想をハイデガーが批判するときに、彼が否応なしに前提している当の能力なのだ）。ハイデガーが名目論の出現に先立った存在の知、すなわちプラトニズムのそれにまったくと言ってよいほど注意を向けないのもこのためである。プラトンは観念《イデア》の不変性から出発して存在を考えるので、彼は人間の眼差しというたったひとつのパースペクティヴから存在を把握したことになる、だから彼は名目論と同列におかれるべきだ、とハイデガーは思いなしている。ところが、存在を本質の顕現と見なすプラトンの発想が、やがて勝利をおさめることとなった存在の名目論的発想に対して強力に釣り合うものとなっていたことがハイデガーにはまったくと言ってよいほどわからなかった。というのも、プラトンにとって何よりもまず存在するのは、私の面前にあるこのもの、私の知性が捉えることのできるはっきりした対象なのではないからである。プラトンはいつもそこに観念《イデア》の第一義的な明証性と比べて二次的な実在性を見ようとする。たしかに、イデアは「見える」がままの何ものかと見なされているように思われる（見る、知るを意味する *eidenai* と固く結びついているエイドス（*eidos*）。そのラテン語での同義語 *species* が見る（*spectare*）を示唆するのと同様である）。けれども、見るべきものをみずからに与えるエイドスであるとはいえ、その働き自身はみずからに示されることが決してなく、そうしたものとして目の当たりに与えられることは決してない。エイドスはその感性的な出現から出発してしかいつもみずからを認めることができないのだ。それは感性的なものとほとんど同じ水準で明証的（*e-videre*）〔目に「見える」明瞭さ〕なのであって、そこではひとはそれを垣間見ることとしかできないのである。

しかしそれでも、本質、あるいはエイドスは、世界のなかで美や善、調和、規則性といった審級に遭遇するときに私たちの心に浮かぶ思惟であることに変わりはない。本質は私たちに次のことを教える。たとえときに近代物理学が自身を損ねることのない宇宙的宗教感情をもって微粒子の衝突を研究するのだとしても、存在は近代物理学が研究するそうした衝突に還元されることはない。これらの存在者が無限に微細なものの不変性と連続性によって明らかに支配されているからである。そこから、世界が、そして名目論《ノミナリスム》そのものが、存在の別の次元を輝き出させ、見分けさせることだろう。この次元は、何よりもまず、私たちの感覚を惑わす直接的な世界と対照をなすかぎりで、高次の、と形容することのできるような次元なのである。本質についてのこのような思惟の文脈において、神的なものの顕現が再び思惟可能なものとなる。ハイデガーはこのことをまったくと言ってよいほど強調しなかったが、宗教はそれ自身、神的本質の諸々の顕現を生の世界のうちに認める存在経験から湧き起こってくるのである。その根本的経験はただちに道理にかなった世界のそれなのだ。おそらくここにこそ、私たちの時代にとって最も偉大な宗教哲学があり、その最も貴重な知恵があるのである。

結論

宗教哲学を、あるいは少なくとも私たちがここで素描した宗教哲学を構成する第一の契機は、宗教に相関した哲学が宗教の後裔であること、あるいは宗教から借り受けている負債であることを多かれ少なかれ公然と承認するかどうかにかかっている。それというのも、宗教が哲学よりもはるか以前から存在し、哲学のほぼすべての主題とその知恵の探求の意味とを予示したからである。まず、神的な者と死すべき者とのあいだの分離が考えられることだろう（ある哲学者たちは「神的なものの似像」（『テアイテトス』一七六a）について語ることでこの分離を徐々に解消させようと試みるだろう）。この分離は、神的な世界と死すべき者の世界、理性的世界と感性的世界という二つの世界の形而上学的区別を予示するものである。

さらにもっと根本的には、高次のちからとして感じられる「神的なもの」は、世界と徳の秩序の原因として思惟される。それゆえ、あらゆる善良さ、あらゆる秩序は、そこにみずからの源泉を見出すとプラトンは述べることだろう。こうして彼の考えは世界の秩序の大いなる原理としての神話の神々をそれでもって置き換えるに至るだろう。たとえプラトンがこの遺産から霊感を受け続け、かならずしも理性的探求と神話の知恵から区別するわけではなく、前者を支えるために後者がとかく動員されがちとなるのだとしても。ところが、神話の遺産に対してこの負債、この後裔は、この遺産の批判を排除するものではない。事実はそのまったく逆なのである。

こういうわけで、宗教に対する哲学の関係のなかで決定的となる第二の契機は、プラトンにおける神的なものの「善化《アガトニザシオン》」に基づいた神話的伝統の批判というかたちで表現されるだろう。ここには宗教に対して哲学がとるかなり粘り強い態度がある。いつもその後裔を疑問視するというわけではないにしても、哲学はこうして理性的で論証的な知として推奨される。こうした知としての哲学は神話的伝統に辛辣な批判を浴びせることを余儀なくされるが、神話的伝統によって提供された基準を用いることによってそうした批判がなされていることも注記しておくことが肝要である。というのも、神々が高次のものであり、良きものであり、超越的なものであること、また結果的に、詩人たちが思い切ってそうしているようにあまりに人間的な不完全な諸性格を神々に帰することはできないということを、私たちに教えるのはほかならぬ宗教だからである。神話の批判を提示する場合、宗教哲学は同時にその純化されたヴァージョンを提案する。神々の祭祀に結びついた諸々の問いを注意深く、したがって哲学的に読解することから宗教が生じると述べるとき、キケロはこの伝統に与することとなる。したがって、哲学なしには、厳密な意味で理解される宗教は存しないのである。

神話的伝統のこうした哲学的批判は、部分的であるか全般的であるかのどちらかである。この批判は神的なもののより合理的な発想の名において実現されうるのだけれども、それはまた宗教的なものが完全に信用されなくなるという事態に辿り着くこともある。こうした全般的な批判は近代後期の専有物となることだろう。というのも、古代にはこうした批判がまったくと言ってよいほど発見されず、また言うまでもなく中世にはまったくなかったからである。だとしても、宗教の絶対的な批判（ニーチェ、フロイト、ダーウィン）もまた、神話批判のこの伝統から生じるひとつの宗教哲学であることにかわりはない。ところが、この宗教哲学が宗教を批判するのは、それが人間の救いのより良い観念を持ち合わせていると主張するからなのだ。この救いはしたがってあらゆる宗教からの解放のうちに存するように思われる。しかしながら、こうした批判は解放や救いという観念そのものが宗教に由来するということを忘れることができないであろう。

神話的伝統に直面してのこうした批判的態度は、宗教に対するひとつの哲学的な作業を通じて遂行される。それが非神話化の作業である。これは『形而上学』のなかでアリストテレスが、天球の合理的な説明は神々についての神話の教えのうちの信頼できる核の部分を考慮に入れていると述べるときに、彼が言い表わしているところの作業である。非神話化という術語が登場するは二十世紀、ブルトマンとともにである。しかしながら、宗教的伝統のなかに「民衆にとっての」諸要素があるのだが、その合理性を抽出するのは哲学の仕事であると主張するとき、アリストテレスはすでにこの非神話化を実践しているのである。まさにこれこそ、民衆のアヘンを宗教のもつ革命的ポテンシャルから区別するときにマルクスが引き継いだ作業なのである。ところが、キケロ、アヴェロエス、マイモニデス、スピノザ、カントは、彼らが宗教からより合理的な、したがってより普遍的な知恵を引き出したとき、すでにこれを実践していたのである。

この非神話化の企図について、それがすでに宗教の一部となっていることを私たちは見た。それは宗教が宗教的なものに相応しくない諸々の発想に対する批判を含んでおり、神的なものの純化された発想へと行き着くかぎり、そうなのである。神々をどのように考えるべきだろうか？　神々は私たちの世話をしているだろうか？　これが、神々の本性をめぐってエピクロス派とストア派の人びとがぶつかり合うこととなった議論の中心にある大きな問いである。しかし、神的なものについて、より合理的でより首尾一貫したものであろうとする発想の名において、その都度、この議論がもたらされることになる。エピクロス派の人びとは、神々が私たちの世話をしていないと主張するうえで神的なもののラディカルな超越を拠り所とした。それに対し、ストア派の人びとは、神々の摂理を結論するうえで神々の善良さを拠り所とした。公的祭祀の利益のため、それゆえ政治的と呼びうる諸理由のために、神々は私たちを世話していると考えるほうがより賢明だとキケロは考えたのである。

徹底的に考えぬかれた非神話化というこの観念は、そのみじめなヴァージョンとしては、無神論へと行き着くこともまたありうる。というのも、世界の秩序の原因であるとされる多少とも目に見えない諸存在の観念を耐え難いと判断することができるのも、この非神話化を引き合いに出すことによってだからだ。したがって、無神論はラディカルな非神話化であり、この資格でひとつの宗教哲学なのである。

哲学は、それ自身、非神話化の努力から誕生したものだが、ときに宗教の地位につくこともある。〔哲学を宗教から分け隔てる〕この厳しさが宗教と哲学の一体化へと行き着くこともあるのだ。こうした態度は古代後期に、個人の幸福の探求に捧げられたヘレニズム諸派から出現する。この頃、哲学と宗教はどちらも魂の幸福へ至る道と考えられていた。こういうわけで、アウグスティヌスにとって、キリスト教は真の哲学にほかならないのである。この一体化モデルは中世に確かな魅力を発揮することとなる（そしてこんにちでも、哲学に人生のレッスンを期待するときに効果を発揮し続けている）。けれども、この期間に古代の書き手たちが再発見されたことで、思想家たちは知の二つの秩序を分離することを余儀なくされる。実際、聖なるテクストのなかに見出される宗教の知恵から、人間理性に基づいているがその射程が普遍的であるような世俗の知恵を区別しなければならないのだ。こうして、ひとは哲学と宗教の一体化から両者のあいだの共存の一形態へと移っていく。この共存は、（啓示に対する理性の、あるいはその逆の）従属というかたちや、一方の威厳は他方の不信に行き着くものだから、対立といったかたちさえとることがあるだろう。

イスラームの最良の思想家たちや彼らの継承者たちの功績は、二つのタイプの知の自律を強調したことにある。しかし、事実そのものによって、啓示はだんだんと個別的で歴史的に日付をもつ知恵として現われてくるようになるのに対し、普遍性は、たしかに諸々の大宗教によって思惟されはしたが、むしろ哲学の専有物となってくることだろう。この時から、合理的で学的な知が唯一の知として頭角を現わしてくることになるのだ。近代の進歩とともに、この独占は宗教のラディカルな批判へと行き着くことになるだろう（厳密に言えば、まもなく理性それ自身の批判もともなうこととなる）。こうしてひとは、お望みならば、宗教なき哲学に至るのだが、認めると否とにかかわらず、それもやはりひとつの宗教哲学なのである。

哲学にせよ宗教そのものにせよ、あらゆる伝統にとって、理性は私たちを神的なものに近づけるものであった。ところが、こんにちでは理性はしばしばその実在性を疑うことに役立っている。ここで立てることのできる問いは、ではこの理性は自分自身について、またそれが理解しようと試み、それが必ず想定しなければならず、またそのなかに自分も含まれているところの世界の秩序について、はたして釈明できるのか、という問いであろう。

宗教のラディカルな哲学的批判に至る布置は、存在をその物理的で空間的で計測可能な現われに単純化してしまうような存在の名目論的な知と無関係ではない。ここには神々なき世界があって、その唯一の慰めは科学的であるということだけである。宗教は、こうした世界が唯一のものなのではないし、おそらく第一のものでさえないことを哲学に思い出させることができる。宗教にとって、第一の明証性はむしろ意味で充たされた世界のそれなのである。月並みな風刺にしたがって、魔法が解かれた世界に対置しうるような魔法をかけられた世界について、ここで性急に語ることはしないでいただきたい。というのも、人間の知の投企こそが、現われるがままの世界が意味を欠いたものであると宣言するからである。最低限言いうることは、こうしたことがアプリオリに明らかなのではない、ということだ。というのも、私たちをとりまく世界、すなわち精神世界、自然世界、そして自然学の世界さえもが、ただちに道理にかなった世界であり、私たちがその理由を理解することのできる世界だからである。この意味は、それがそういうものとして感じられるかぎり、感嘆を呼び起こしうるものである。こうした畏敬の念が諸宗教のうちでさまざまなかたちで表現されているのがわかる。諸宗教はこうして哲学にそれ自身の前提でもある世界の意味の前提を思い出させるに至る。もし宗教が私たちをこうした意味に目醒めさせることができるなら、それは同時に世界がもつすべての理解しえないものを宗教は尊重しているということでもあるだろう。

訳者あとがき

本書は、Jean Grondin, *La philosophie de la religion* (Coll. « Que sais-je ? » n°3839, PUF, Paris, 2009) の全訳である。著者であるジャン・グロンダン（一九五五年生）は、カナダ・モントリオール大学の哲学教授にして哲学者であり、コレクション・クセジュからは本書で訳した『宗教哲学』の他に『解釈学（*L'herméneutique*）』（二〇〇六年）と『ポール・リクール（*Paul Ricœur*）』（二〇一三年）の二冊を上梓している。『宗教哲学』は、順番からいけばこのうち文庫クセジュでの二冊目の著作となる。グロンダンの詳しい経歴については、すでに二〇一四年に白水社から邦訳の出ている『ポール・リクール』（杉村靖彦訳）のあとがきに詳しく述べられているので、そちらを参照していただきたい。

『宗教哲学』というタイトルからもわかるように、本書はあらゆる事柄に関わりをもちうる哲学という知の営みのうち、とくに「宗教」ということに関わる哲学を論じるものである。だが、「宗教哲学」「宗教の哲学」といった場合には、事情が複雑かつ困難なものとなってくる。

私たちが何の前知識もなしに宗教哲学的な問いとはどんなものかと考えてみると、まず「宗教とは何か?」という問いに思い至ることだろう。そして、「宗教哲学」というものは、まずもってこの問いに答えようとする営みではないか、と予想することができる。けれども、このようにして問いの対象とされる「宗教」はというと、歴史のなかで、哲学の営みとまったく無縁な仕方で、無関係に存在した一対象というわけでは決してない。たしかに人類にとって、宗教的な事象は哲学が誕生するよりも以前から、独立して存在した。けれども、それだけでなく、哲学の営みの誕生とその存立にも宗教はおおいに関わってきた。このことは、たとえば、ソクラテスが神話に重きをおき、哲学的対話の肝となる部分で神話に頼っていたことや、中世ヨーロッパでキリスト教を擁護し、その教説を補強するだけにとどまらず形成すらしていくようなかたちで哲学的な知の営みが進展していったことなどを想起すれば、理解するのはそう難しいことではない。してみれば、哲学にとって「宗教とは何か?」と問えば、あたかもその答えがどこかからポンと手わたされるといった類の簡単な話では終わらないのだ。この問いは、それを問う哲学自身の出自と存立、その営み自体に切り込んでくるようなクリティカルな問いであり、「哲学とは何か?」という問いにも切迫してくるような、まるで両刃の剣のような問いとなっているのである。

そこから哲学のとりうる道も多様なものとなってくる。哲学は宗教と切っても切れない間柄にあるのだから、おのれの出自ないしは拠り所を素直に認めて、特定の一宗教と結託して歩んでいくほうが実り多いのだろうか？　それとも、哲学はおのれの自律性を堅持し、あらゆる宗教的事象の影響力から逃れ、たとえそれと敵対してでも、「信じる」ことに屈しない「疑う」営みを貫き通すべきなのだろうか？　「宗教哲学」とは、結局のところ「宗教に属する哲学」として成就するものなのか、それとも宗教から距離をとって問い続ける類の「宗教についての哲学」にとどまるのか？　あるいはまた、別の道がありうるのだろうか？

こうして考えてみるだけでも「宗教哲学」をめぐる事情の複雑さ、困難さが実感されてくることだろう。だが、今を生きる私たちにとって「宗教哲学」を困難にしている別の理由が少なくともさらにもうひとつ見つかる。それは、私たちが当然のことと見なし、それにしたがって生きているような、いわば徹底的に非宗教的な知の状況である。

昨今、たしかに宗教に関連するように見える大小さまざまな社会問題や国際問題が私たちの生活をとりまいている。けれども、宗教という事象は人間の脳がつくり上げた錯覚、あるいは妄想にすぎないのだから、あえて問うに値するものではない――、問うにしてもその答えは科学の進歩とともに与えられるのであって、宗教に関する諸問題は心理的・科学的説明や社会的・政治的努力によって解消されていく問題にすぎず、それ以外の何ものでもない――私たちは心のどこかでこのように信じきってはいないだろうか？　ここには宗教を問う哲学の入る余地は残されていない。宗教が問いとならない（あるいは科学的な説明によって解消される錯覚にすぎない）のだとしたら、それと切っても切れないはずの哲学もまた、とるにたらない世迷い言にすぎないことになるだろう。してみれば、「宗教の哲学」も結局のところ「宗教」や「哲学」同様、脳のつくり出す錯覚に帰着し、その意義は個人の知的趣味のひとつにすぎないことになりはしないだろうか？

それゆえ、「宗教哲学」の可能性をめぐる困難には、二つの側面が認められる。宗教と哲学の抜き差しならない間柄、そして現代における科学絶対主義的な知の枠組みという二側面である。この二つの状況は、一見、互いに関係のない別の事柄のようにも思える。だが、本書を通読された方ならばすでにご承知のように、実際にはこの両者はともに「宗教哲学」という知の営みがもつ表裏一体の二側面だと考えられるのである。

本書でグロンダンは、ハイデガー存在論を導きの糸とし、右に述べた科学主義的な知の枠組みを「名目論《ノミナリスム》」という存在についてのひとつの解釈態度がもたらした特殊な状況と見てとる。この発想のもとでは、存在ということは経験に、とくに視覚感覚に現われるがままの個物をもとに考えられる。見えている個物は存在するが見えない個物は存在しない（たとえばテーブルは存在するが、サンタクロースは存在しない）。それゆえ、存在する個物については、検証実験を重ねていくことで蓋然的なデータを得ることができるが、存在しないとされる個物について考えても妄想や錯覚にすぎないことになる。こうして「名目論」の支配する状況下では神や儀式などの宗教的事象は存在しないもの、人間の文化に属しはするけれどもむしろそれゆえに人間の抱く錯覚にすぎないものとされてしまわざるをえない。

ところが、私たちにとって馴染みのものとなったこうした状況が「名目論」として特徴づけられることで、それがじつは永遠不変の事実というわけではなく、中世ヨーロッパに誕生し近代という時代のなかで成長をとげたひとつのものの見方にすぎないのではないか、と気づかされてくる。そして、そうした「名目論」のものの見方それ自身、哲学が宗教とのあいだにもちえた関係が変容をこうむるなかで生まれてきたものなのではないか？　したがって、現代における科学偏重の状況それ自身が、たとえ自覚されはしなくとも、じつは「宗教哲学」のひとつのあり方が反映したものだったのではないか？　このような展望が開けてくるのである。

本書はまさに、こうした気づき、一種の哲学的回心とも呼ぶべき体験へと読者を誘い、そこから「宗教哲学」それ自身のたどる歴史のただなかへと読者を一挙に引き込むような構成で書かれている。こうした導入の仕方それ自身、私たちが現代において「宗教哲学」を考えていくうえで避けては通れない身振りであり、また「宗教哲学」の本質に触れるいちばんの近道でもあるように思われる。

それゆえまた、本書は単なる宗教思想史の概説書として読めなくもないが、それに尽きるものでは決してない。本書は、私たちの生きる時代において私たちの存在と世界の意味や宗教の意義を否定するニヒリスティックな宗教哲学的見地に抗い、宗教哲学の歴史を解釈していくことで、存在の意味を取り戻すような宗教哲学の可能性を探るひとつの企図なのである。

「宗教哲学」は古代より現代に至るまで存在し続けてきたが、とくに現代において宗教を哲学的に問う場合に私たちが意識的に解きほぐさねばならない最重要の事柄として浮上してきている。私たちはなぜ生きるのか？　私たちの存在、そして私たちの生きるこの世界には意味があるのか？　宗教は古来、こうした問いに答えようとしてきた。哲学もまたこうした謎から湧き起こってくる知的活動であり、したがって宗教がこの問いに答えようとしてきたことを必ずしも知らないわけではなかった。

宗教と哲学の抜き差しならない関係のあり方を、グロンダンは宗教に基づく「善化《アガトニザシオン》」という発想と、哲学のもつ「非神話化」という発想によって読み解いている。哲学は批判的な仕方で宗教の非神話化、すなわち合理的な解釈をほどこしてきたが、その批判を動機づけているのはつねに宗教のもつ神的なものの善さを尊重する態度であった、というのである。この二つの傾向は、それゆえ、宗教と哲学が共有するものであり、それぞれの時代における宗教哲学のあり方を規定してきた契機であると言えるだろう。この二つの契機の現われ方しだいで、ある時代には宗教と哲学が互いに手を取り合い、またある時代には袂を分かった。だが、哲学の側が宗教を徹底的に否定する場合でさえも、その否定の身振り自体には宗教が本来もっている「善化」という動機、善く生きることへの志向が潜んでいる。まさに本書において、非神話化という哲学の営みを通して宗教自身のこうした傾向を反省的意識にもたらし、それによって宗教的なものの意味が失われた現代において宗教的なものを問うという、グロンダンそのひとの「宗教哲学」が見事に繰り広げられたのである。

本書の翻訳と出版に関して、白水社編集部の浦田滋子さんからいろいろとご助力いただいた。この場を借りて心よりお礼申し上げます。

二〇一五年二月

越後圭一

参考文献
（原書巻末）

La Religion, textes choisis par M. Foessel, GF, 2000.

Aristote, *Métaphysique*, Vrin.

Aquin Thomas (d'), *Somme théologique*, Le Cerf, 1984-1986.

Augustin, *Confessions ; La Doctrine chrétienne* ; *La Cité de Dieu ; De la vraie religion, dans Œuvres*, Desclée ; La Pléiade.

Averroès, *Discours décisif*, GF, 1996.

Bergson H., *Les Deux Sources de la morale et de la religion* (1932), PUF.

Brague R., *La Sagesse du monde*, Fayard, 1999.

Capelle-Dumont P. (dir.), *Philosophie et théologie*. Anthologie, 4 tomes, Cerf, 2009-2011.

Cicéron, *La Nature des dieux*, Les Belles Lettres, 2002.

Einstein A., *Comment je vois le monde* (1934), Flammarion, 1979.

Eliade M., *Traité d'histoire des religions*, Payot, 1949 ; *Le Sacré et le Profane*, Gallimard, 1965.

Freud S., *L'Avenir d'une illusion* (1927), PUF, 1995.

Girard R., *Le Bouc émissaire*, Grasset, 1982.

Gisel P., *Qu'est-ce qu'une religion ?*, Vrin, 2007.

Greisch J., *Le Buisson ardent et les lumières de la raison. L'invention de la philosophie de la religion*, 3 tomes. Le Cerf, 2002, 2004.

Grondin J., *Introduction à la métaphysique*, PU Montréal, 2004 ; *Du sens de la vie*, Bellamin, 2003 ; *À l'écoute du sens*, Bellamin, 2011 ; *Paul Ricœur*, PUF, Paris, 2013.

Hegel G. W. F., *Leçons sur la philosophie de la religion*, PUF, 1996.

Heidegger M., *Lettre sur l'humanisme* (1946), Aubier-Montaigne, 1983.

Hume D., *L'Histoire naturelle de la religion*, Vrin, 1989.

James W., *The Varieties of Religious Experience*, New York, 1902.

Kant E., *La Religion dans les limites de la simple raison* (1973), Vrin, 1994 ; *Critique de la raison pure* (1781), PUF.

Kolakowski L., *Philosophie de la religion*, 10-18, 1985.

Maïmonide M., *Le Guide des égarés*, Verdier 1979.

Marion J.-L., *L'Idole et la Distance*, Grasset, 1977 ; *Dieu sans l'être*, Fayard, 1982.

Marx K., *Critique de la philosophie du droit de Hegel*, Aubier, 1971.

Otto R., *Le Sacré. L'élément non rationnel dans l'idée du divin et sa relation avec le rationnel* (1917), Payot, 1969.

Otto W. F., *Les dieux de la Grèce* (1929), Payot, 2004.

Pascal, *Pensées* (1660), Garnier.

Platon, *Ion, République, Lois, Banquet, Théétète, Euthyphron, Phédon, Timée.*

Rahner K., *L'Homme à l'écoute du Verbe. Fondements d'une philosophie de la religion* (1963), Éditions Mame, 1968.

Ricœur P., *Philosophie de la volonté*, t. II : *Finitude et culpabilité* (1960), Aubier, 1988.

Rousseau J.-J., *Émile ou De l'éducation* (1762), GF.

Schleiermacher F., *De la religion* (1799), Van Dieren, 2004.

Spinoza B. de, *Tractatus Theologico-Politicus* (1670), GF, 1965.

Taylor C., *The Secular Age*, Harvard UP, 2007.

Vattimo G., *Espérer croire*, Le Seuil, 1998.

Vernant J.-P., *Mythe et religion en Grèce ancienne*, Le Seuil, 1990.

参考文献

【1】C. Panaccio, « La question du nominalisme », dans A. Jacob, *Encyclopédie philosophique universelle*, PUF, t. I, 1989, 566.

【2】A. Einstein, *Comment je vois le monde*, Flammarion, 1979, 19.

【3】P. Ricoeur, *Philosophie de la volonté*, II : *Finitude et culpabilité*, Aubier, 1988, 174.

【4】E. Benveniste, *Le Vocabulaire des institutions européennes*, Editions de Minuit, 1969, t. II, 279.

【5】Lactance, *Institutions divines*, livre IV, Paris, éditions du Cerf, 1992.

【6】U. Rudolph, *La Philosophie islamique. Des commencements à nos jours*, Paris, Vrin, 2014.

【7】E. Kant, *Critique de la raison pratique*, in *Oeuvres philosophiaues*, t. II, 765.

【8】K. Marx, *Critique de la philosophie du droit de Hegel*, Aubier, 1971, 53.

【9】D. Hamer, *The God Gene. How Faith Is Hardwired into Our Genes*（Doubleday, 2004）.同じくまったく自然主義的な説明として、以下のベストセラーを参照のこと。D. Dennett, *Breaking the Spell. Religion as a Natural Phenomenon* (Penguin, 2006). R. Dawkins, *The God Delusion* (Bantam, 2006).

【10】M. Heidegger, *Lettre sur l'humanisme*, Aubier, 1983, 134 sq.

【11】J.-L. Marion, *Dieu sans l'être*, Fayard, 1982, 62.

本書は、2015 年刊行の『宗教哲学』第 1 刷をもとに、オンデマンド印刷・製本で製作されています。

訳者略歴
越後圭一（えちご・けいいち）
1977 年生まれ
京都大学大学院文学研究科博士課程（宗教学専攻）研究指導認定退学
トゥールーズ第Ⅱ大学博士課程修了（哲学博士号取得）
現在、神戸市外国語大学非常勤講師

文庫クセジュ　Q 999
宗教哲学

2015年3月30日 第1刷発行
2021年3月10日 第2刷発行
著　者　ジャン・グロンダン
訳　者 © 越後圭一
発行者　及川直志
印刷・製本　大日本印刷株式会社
発行所　株式会社白水社
東京都千代田区神田小川町 3 の 24
電話 営業部 03（3291）7811 / 編集部 03（3291）7821
振替 00190-5-33228
郵便番号 101-0052
www.hakusuisha.co.jp

乱丁・落丁本は、送料小社負担にてお取り替えいたします。
ISBN978-4-560-50999-9
Printed in Japan